W0083388

KOLJA KLEEBERG

KOLJA KOCHT

KOLJA KLEEBERG

KOLJA KOCHT

RAFFINIERT. KREATIV. KÖSTLICH.

MIT GEHEIMTIPPS VOM STERNEKOCH

südwest

Inhalt

Slow & Fine

Ein-
leitung

Liebe Leser, wundern Sie sich nicht, dass ich von jetzt an »Du« zu Ihnen sage. Ich sehe dieses Buch ein bisschen wie einen meiner Kochkurse, und da duzen wir uns auch. Gerade wenn ich auf Bahnhöfen oder am Flughafen unterwegs bin, werde ich tatsächlich sehr oft angesprochen und nach Tipps gefragt – und da geht es dann nicht um die Kreationen aus dem VĂU, sondern um ganz grundsätzliche Fragen, wie beispielsweise die nach den perfekten Bratkartoffeln oder dem saftig-knusprigen Steak. So bin ich auch auf die Idee zu diesem Buch gekommen.

Was die Rezepte angeht – während es schon ein Buch von mir gibt, in dem ich Rezepte aus dem VĂU gesammelt habe, ist dieses Buch viel mehr »Kolja for home« und auch »at home«.
Denn viele dieser Gerichte koche ich eben auch gerne mal zu Hause – ohne mein ganzes Team und nicht mit tagelanger Vorbereitungszeit.

Es wäre mir aber nicht genug, Euch nun »nur« diese einfachen, manchmal ganz schnellen, manchmal etwas aufwendigeren Gerichte zu präsentieren und zu sagen: »Seht Ihr, so einfach geht's.«

Dass mich Menschen unterwegs so offen ansprechen, freut mich nämlich. Einerseits zeigt es mir, dass ich wohl keine sehr unnahbare Ausstrahlung habe und Menschen gerne auf mich zukommen, weil sie keine Barriere spüren. Und andererseits beantworte ich diese Fragen auch wirklich gerne – und ausführlich. Vielleicht liegt das daran, dass meine beiden Eltern als Pädagogen gearbeitet haben. Und es hat sicher auch etwas mit meinem Hang, auf einer Bühne zu stehen, zu tun. Aber es gibt noch einen anderen Grund, warum ich so gerne besonders auf Fragen nach dem »Warum« eingehe. Diese Fragen zeigen mir, dass ich oft vieles auch selbst hinterfragen muss. Warum kleben Nudeln am Topfboden? Warum werden Buletten mit Brot besser? Warum saugen sich vorab getrocknete Croûtons, genau wie Auberginenscheiben, die man vor dem Braten durch Salz erst mal entwässern muss, weniger mit Fett voll und werden dadurch knusprig?

Uns Profis sind viele Dinge geläufig, weil wir sie gelernt haben.
Wir machen sie dann auf eine bestimmte Art einfach so, weil wir das eben so machen. Das heißt aber noch lange nicht, dass wir genau wissen, warum eigentlich. Man kann hunderte von Kochbüchern im Schrank haben, aber wenn man bei manchen Vorgängen einmal wirklich verstanden hat, warum da etwas wie passiert, dann erübrigt dieses Verständnis 500 Rezepte. Und wenn man dann das Grundprinzip begriffen hat, hat man den Kopf frei für Kreativität.

Nehmen wir das Beispiel Hackfleisch, um das es auch in einem der KÜCHENGEHEIMISSE-Kapitel in diesem Buch geht. Ich habe mich das erste Mal wirklich damit beschäftigt, als einer meiner Köche beim Hackbraten für das Personalessen meinte: »Oh, der fällt auseinander, da muss noch mehr Brot rein.« Da stand ich dann so ein paar Minuten und habe zum ersten Mal überlegt: »Das stimmt nicht – aber warum eigentlich nicht?« Ich versuche

es auf Seite 122 zu erklären. Und wenn man dann versteht, was das Eiweiß im Fleisch macht, was das Ei selbst bewirkt, nämlich die Bindung und wieso Brot den Teig lockert, dann wird man das in Zukunft immer richtig machen. Und dann gehst Du über den Wochenmarkt, kaufst Deine Zutaten für Buletten und siehst plötzlich ein schönes Fläschchen alten Balsamico. Und weil Du Dir ja über die Grundzubereitung gar keine Gedanken mehr machen musst, kannst Du Dir überlegen, wie die Bulette wohl schmecken könnte, wenn Du sie am Schluss mit ein bisschen Balsamico ablöschst, und dass dazu vielleicht ein Tomaten-Brot-Salat passen könnten.

Damit sind wir natürlich schon bei der Kreativität, die eigentlich erst der zweite oder dritte oder vierte Schritt beim Thema Kochen-Können ist. Aber was heißt Kochen-Können eigentlich? Es heißt definitiv nicht, irgendeine Zutat in irrsinniger Geschwindigkeit schnippeln zu können. Kochen-Können bedeutet natürlich auch viel Handwerk. Gewisse Grundgriffe muss man einfach einmal lernen. Aber Kochen-Können hat für mich vor allem mit dem Einsatz aller fünf Sinne zu tun: Riechen, Schmecken, Fühlen, Hören, Sehen. Kochen fängt schon beim Einkauf an. Man sieht die Produkte, kann an ihnen riechen. Und ob eine Melone reif ist, kann man am Geräusch erkennen, das beim Klopfen an ihre Schale entsteht. Auch beim Zubereiten sieht und hört man, wenn es in der Pfanne brutzelt oder im Topf brodelt. Man fühlt die Produkte, aber auch die verschiedenen Temperaturen und leitet daraus bestimmte nächste Schritte ab. Zum Beispiel, ob ein Fleisch oder ein Fisch schon durch ist und man es aus der Hitze nehmen kann. Setzt immer alle Eure fünf Sinne ein, nicht nur die Augen zum Lesen der Rezepte. Und dann experimentiert, probiert aus.

9

Zum Ausprobieren braucht es aber auch ein bisschen Mut. Und je weniger Kocherfahrung man hat, desto weniger traut man sich. Doch man hat ja, gerade am Anfang, einen sicheren Hafen – das Grundrezept. Im Kapitel »Geschmacks-familien« gebe ich Euch eine Idee, wie Ihr den sicheren Hafen – immer noch in Sichtweite des Rettungsteams – verlassen könnt. Nehmt das Grundrezept, findet heraus zu welcher Ge-schmacksfamilie es passt und ergänzt oder variiert es dann vorsichtig um ein, zwei Komponenten aus der gleichen Familie. Und erst, wenn das ein paar Mal geklappt hat, dann könnt Ihr natürlich auch unter den Familien austauschen. Kochen ist eben auch Erfahrung.

Übrigens heißt Kochen-Können für mich auch Menschen zu verstehen. Verstehen, was sie mögen – und das gilt nicht nur im Restaurant, sondern natürlich auch bei Gästen – oder auch einfach bei Euch selbst. Findet heraus, was Ihr gerne esst – indem Ihr vieles schmeckt, kostet, Euch auf Neues einlasst.

Jede Kreativität scheitert allerdings, wenn man nicht die richtige Grundausstattung hat. Ich persönlich interessiere mich ja nicht besonders für Autos und ihre Technik, aber auch ich weiß, ohne vier Räder fährt halt kein Auto. Und Küche funk-tioniert eben auch nicht ohne bestimmte Dinge. Wenn ich erst einmal eine halbe Stunde damit verbringen muss, zu improvisieren, weil ich vier Leute zu Besuch, aber keinen großen Pasta-Topf habe, dann ist das einfach nervig. Und wenn ich auch einfache Gerichte, wie diese hier im Buch, kochen möchte und habe nicht mal die Grundaus-stattung an den wichtigsten Gewürzen, dann wird Kochen zu einem zeitraubenden Aufwand.

In den Kapiteln, in denen es um die Grundausstat-tung à la Kolja sowohl an Gerätschaften als auch Gewürzen geht, habe ich mich bemüht, nur die Dinge aufzuführen, die man wirklich braucht. Man braucht zum Beispiel keine Brotschneidemaschi-ne, wenn man ein gutes Brotmesser hat. Und man braucht auch kein Dampfkochtopfeinoderaufsatz-dings, wenn man sich für wenig Geld einen ganz einfachen Dämpfaufsatz beim Chinesen kaufen kann – wenn man unbedingt einen Dämpfer haben möchte.

Bei den Gewürzen kann man sich natürlich streiten, ob wirklich alle, die ich in meiner Grund-ausstattung aufzähle, notwendig sind. Vielleicht habe ich mich da auch manchmal ein wenig von Kindheitserinnerungen leiten lassen. Muskat zum Beispiel erinnert mich an den Kartoffelstampf meiner Großmutter. Und Piment, Wacholder und Nelke standen bei meinem Vater immer in diesen schönen englischen Schraubgläsern im Gewürz-schrank.

Dieses Buch ist ganz sicher kein Küchenlexikon. Ein Lexikon arbeitet meistens mit Stichwörtern, und das wäre mir zu wenig Sprache. Wenn ich etwas erkläre, versuche ich durch die Sprache auch Bilder im Kopf entstehen zu lassen und Euch damit den Inhalt näherzubringen. Und ich möchte auch, dass Ihr Spaß am Kochen habt und nicht mit einem Lexikon in der Hand neben dem Herd steht. Und außerdem wären diese Tipps hier für ein Küchenlexikon gar nicht ausführlich genug. Ich habe mich in den Kapiteln KÜCHENGEHEIMNIS-SE für die Themen entschieden, nach denen ich am häufigsten gefragt werde. Daher geht es eben um knusprige Bratkartoffeln, das perfekte Steak, den Angstgegner »Kross-und-Knusprig« beim Braten, um Hackfleisch, Nudeln und um das Ei.

Und ich feiere auch ein kleines Schlachtfest. Denn manchmal muss man auch heilige Kühe opfern und zum Beispiel zugeben, dass es Konserven gibt, die man durchaus verwenden kann. »Dosenfutter erlaubt« habe ich dieses Kapitel genannt. Und auch da entsteht bei mir so manche Kindheitserinnerung. Nein, nicht an Ravioli aus der Dose – das geht gar nicht – aber beispielsweise die ganz intensive Geschmacks-

erinnerung an ein Sardinen-Brötchen zum Frühstück im Skiurlaub. Außerdem kam die Beschäfti-
gung mit dem Thema Dosen auch meiner Suche
nach historischen Essensanekdoten entgegen.
Im Jahr 1845 brach Sir John Franklin mit zwei
Schiffen von England auf, um die Nord-West-Pas-
sage nach Amerika durchs ewige Eis zu suchen.
Beide Schiffe verschwanden unter zunächst
ungeklärten Umständen. Aufzeichnungen und
die Leichen mehrerer Expeditionsteilnehmer, die
man Jahre später fand, zeigten unter anderem,
dass die Besatzung einerseits vor dem Untergang
der Schiffe wohl einige seltsame Entscheidungen
getroffen hatte und andererseits, dass ihr Blut
einen sehr hohen Bleigehalt aufwies. Um auf See
ausreichend Vorräte mitzuführen, gab es schon
damals Konserven – auf den beiden Schiffen Sir
Franklins ausreichend für drei Jahre. Die Dosen
wurden damals noch mit Blei verschlossen! Die
Besatzungsmitglieder hatten sich also vermutlich
Bleivergiftungen zugezogen, die sich auch auf das
zentrale Nervensystem auswirken. Diese Gefahr
besteht natürlich heute nicht mehr. Aber diese
Anekdote finde ich selbst hochspannend. Auch
solche Geschichten gehören für mich zum Thema
Kochen und Essen dazu.

Den Abschluss jedes Menüs bildet das Dessert.
Ich bin selbst gar nicht so versessen auf Süßes,
aber ich wollte doch auch hier, neben den
Rezepten, ein paar kleine Tipps geben. Wie man
nämlich – ganz ohne Kochen zu können – ein Eis
oder Sorbet servieren, oder kreative Obst-Kräuter-
Variationen schaffen kann. Und ich musste einfach
meine beiden süßen Lieblingsfaustregeln mit
aufnehmen, 1-2-3 plus 1 für den Mürbteig und
1-1-1-1 für den Rührteig.

Der eine oder andere von Euch kennt einige der
Tipps und Faustregeln vielleicht schon, aber
findet dann die Antwort auf eine andere Frage.
Vielleicht sucht Ihr aber auch mal nach eigenen
geschmacklichen Kindheitserinnerungen und lasst
Euch von ihnen inspirieren. Oder Ihr denkt über
das eine oder andere Koch-Warum nach. Oder
Ihr merkt beim Lesen auch wieder, wie viel Spaß
Kochen EINFACH machen kann. Und wenn ich
dann den einen oder anderen von Euch wieder
treffe, dann beantworte ich natürlich gerne auch
neue Fragen.

Die perfekten Bratkartoffeln

»Wie kriege ich eigentlich so richtig schöne Bratkartoffeln hin?« Das ist eine der Fragen, die mir in meinen Kochkursen tatsächlich am häufigsten gestellt werden. Die Antwort: Ganz einfach, wenn man ein paar Dinge beachtet.

Das Wichtigste überhaupt

Perfekte Bratkartoffeln entstehen aus Kartoffeln vom Vortag. Warum? Damit sie richtig knusprig werden, dürfen die Kartoffelscheiben möglichst wenig Wasser enthalten. Sie müssen also nach dem Kochen genug Zeit haben, auszudampfen und abzutrocknen. So ziehen sie sich etwas zusammen und werden kompakter – und genau das brauchen wir.

Allerdings muss es natürlich auch die richtige Sorte sein. Am besten eignen sich vorwiegend festkochende, da sie besser zusammenhalten als mehlige, aber nicht so viel Feuchtigkeit enthalten wie festkochende. Ideal sind Pell- oder Salzkartoffeln vom Vortag. Das ist dann auch die optimale Resteverwertung.

Die gekochten Kartoffeln lässt man am besten mit einem Küchenpapier abgedeckt (nicht mit Frischhaltefolie, unter der sie schwitzen) im Kühlschrank oder einem anderen kühlen Ort stehen. Am nächsten Tag nimmt man sie aus der Kühlung und schneidet sie in etwa drei Millimeter dicke Scheiben.

Die Wahl des richtigen Fettes

Für mediterrane Bratkartoffeln kann man auch Olivenöl nehmen, für die neutrale Version geht Butter- oder Schweineschmalz oder ganz normales Pflanzenöl. Nur bitte keine Butter. Denn, damit die Bratkartoffeln eine schöne Kruste bekommen, müssen sie relativ heiß gebraten werden. Butter aber besteht zu etwas über 80 Prozent aus Fett. Der Rest ist vor allem Molke, also Eiweiße und Milchzucker. Und der würde in der Pfanne verbrennen, schwarz werden und bitter schmecken.

Du nimmst also reines Fett Deiner Wahl, und zwar reichlich davon. Das heißt: Du nimmst drei Finger Deiner Hand übereinander – so hoch kann das Fett in der Pfanne ruhig sein. (Meine Bratkartoffeln werden eigentlich fast frittiert.) Dann lässt Du das Fett so heiß werden, dass an einem hineingetauchten, trockenen Holzlöffel oder -spatel kleine Bläschen blubbern. Denn bei der richtigen Temperatur brutzelt die im Holz vorhandene Feuchtigkeit aus dem Spatel. So haben schon unsere Großmütter festgestellt, wann das Fett heiß genug ist.

Die Kartoffeln müssen schwimmen

Jetzt kommen die Kartoffelscheiben in die Pfanne. Ganz wichtig: Nie die ganze Pfanne auf einen Schlag voll machen. Denn die Kartoffeln sollen im Fett schwimmen. Sonst kleben sie durch die ihnen anhaftende Stärke schnell am Pfannenboden fest.

Während des Bratens immer mal wieder die Pfanne hin- und herschieben und die Scheiben ein kleines bisschen mit Öl bedecken. Warten, bis die Kartoffelscheiben knusprig sind, sie dann mit einer Schaum- oder Frittierkelle herausheben und kurz auf Küchenpapier legen. Hast Du dann noch nicht alle Kartoffeln gebraten, gebe ich das Fett zurück in die Pfanne und mache die nächste Portion. Wenn alle Kartoffeln fertig sind, kommt das Fett wieder in den Topf. Dort kann man es zumindest ein paar Tage aufheben, um damit z. B. Fleisch oder Fisch zu braten.

Was ich selbst besonders gerne mag, sind Speckzwiebel-Bratkartoffeln. Dazu in der Pfanne erst den fein geschnittenen Speck braten, dann die ebenfalls fein geschnittenen Zwiebeln dazugeben und glasig schwitzen. Die knusprigen Kartoffeln dazugeben und vorsichtig mit dem Speck und den Zwiebeln und ganz zum Schluss wenn nötig (denn im Speck ist meist schon reichlich Salz) noch mit Salz abschmecken. Falls man nur Salz-Bratkartoffeln möchte, auch die erst ganz zum Schluss salzen.

Und wenn die Bratkartoffelsucht allzu groß ist, und man keine »alten« Kartoffeln hat?

Es gibt einen Notfallplan. Jetzt nimmst Du festkochende Kartoffeln (weil die durch ihren geringen Stärkegehalt am ehesten zusammenhalten), schälst sie roh und schneidest sie in Scheiben. Dann blanchierst Du die Scheiben kurz in etwas Salzwasser, bis man mit einer Messerspitze leicht hineinstechen kann. Die Scheiben aus dem Wasser nehmen und auf einem älteren Küchentuch (neue Küchentücher nehmen meist keine Feuchtigkeit auf) abtrocknen. Jetzt einfach braten wie oben.

Vorsicht, durch die noch vorhandene Feuchtigkeit kann es da schon mal etwas spritzen!

Quick &Easy

Vor-speisen

»Als ich die Lehre gemacht habe, habe ich gedacht, ich lerne Koch, weil ich gerne koche. Das stimmt natürlich, aber ich habe einfach gerne Gäste. Auch privat – da kann ich dann ja schließlich mitessen. Aber ob privat oder im Restaurant: Kochen für Gäste ist eben die perfekte Kombination. Probiert es doch viel öfter aus!«

17

Tomaten-Pfirsich-Gazpacho

2 Personen

ca. **15** Minuten + 30 Minuten Ruhezeit

Für die Gazpacho

5 Tomaten, geviertelt

1 rote Paprikaschote, gewaschen, geputzt und in kleine Stücke geschnitten

½ Salatgurke, geschält, entkernt und in Stücke geschnitten

3 reife Pfirsiche, gewaschen, entkernt und geviertelt

1 Chilischote, entkernt und grob geschnitten

1 Prise Kristalzucker

grobes Meersalz

Saft einer Zitrone

frisch gemahlener weißer Pfeffer

2 EL Rotweinessig

4 EL Olivenöl

Für die Garnelen

6 rohe Garnelen (Größe 8/12), mit Schale

Olivenöl

½ frische Chilischote, entkernt

3 Zweige Minze

1 Knoblauchzehe

1 EL neutrales Pflanzenöl

Zum Anrichten

2 EL Croûtons

1 EL Olivenöl

Für die Gazpacho

Die Tomaten, die Paprikaschote, die Gurke, die Pfirsiche und die Chili vermengen. Das Meersalz, den Zucker, den Zitronensaft und den weißen Pfeffer zugeben. Das Gemüse im Kühlschrank ziehen lassen und anschließend mit dem entstandenen Saft in der Küchenmaschine mixen. Nach Bedarf kann mit etwas eiskaltem Wasser verdünnt werden. Die Gazpacho mit dem Essig abschmecken und das Olivenöl zur Bindung langsam untermischen. Durch ein feines Sieb passieren und bis zum Servieren kühl stellen.

Für die Garnelen

Die Garnelen waschen und aus der Schale puhlen. Eine Marinade aus dem Olivenöl, der fein geschnittenen Chilischote, der Minze und dem Knoblauch herstellen. Die Garnelen einlegen und einige Minuten darin aromatisieren. Das Öl in einer beschichteten Pfanne erhitzen und die Garnelen darin anbraten.

Zum Anrichten

Die Gazpacho in Suppenschalen füllen und die Croûtons darüberstreuen. Einige Spritzer Olivenöl dazugeben. Die Garnelen auf Spieße stecken und über die Schale legen oder einzeln in der Gazpacho anrichten.

Tipp

Was bedeuten die Zahlen 8/12, 16/20 oder 21/30 auf den Garnelenverpackungen?

Die Zahlen geben Auskunft darüber, wie viele Stück Garnelen ein englisches Pfund (ca. 450 g) aufwiegen. Das bedeutet, je kleiner die Zahlen sind, desto größer sind die Garnelen.

Ofenzwiebeln mit Pinienkernen, Honig und Ziegenfrischkäse

Die Zucchini waschen und mit einem Sparschäler oder einer Aufschnittmaschine längs in dünne Streifen schneiden. Diese auf eine einheitliche Größe zuschneiden und etwas salzen. Die Zucchinistreifen trocken tupfen und leicht überlappend auf zwei Tellern auslegen.

Das grobe Meersalz auf ein Backblech streuen. Die Zwiebeln in der Schale daraufsetzen und im auf 180 °C vorgeheizten Backofen (Ober-/Unterhitze) garen, bis der Saft oben austritt. Währenddessen die Pinienkerne in einer beschichteten Pfanne ohne Fettzugabe goldbraun anrösten.

Zum Anrichten

Das weiche Innere der Zwiebeln aus der Schale drücken und mit dem grob zerbrochenen Ziegenfrischkäse, sowie den gerösteten Pinienkernen auf den Zucchinistreifen anrichten. Anschließend mit Salz und Pfeffer würzen und mit etwas Honig beträufeln.

Tipp

Solche Zwiebeln habe ich in einem Sommerurlaub in Ligurien gegessen und war begeistert. Daher weiß ich: Das ist ein ideales Essen, wenn es heiß ist und man sich zu Hause wie in der Sommerfrische fühlen will …

2 kleine Zucchini
6 kleine Gemüsezwiebeln
100 g grobes Meersalz
1 EL Pinienkerne
100 g Ziegenfrischkäse
   (z. B. Picandou)
Salz
frisch gemahlener schwarzer
   Pfeffer
2 – 3 EL flüssiger Honig

2
Personen

30
Minuten

Gebackenes Ei
mit Nussbutter-Spinat

2 Personen

ca. **30** Minuten

Für die gebackenen Eier
2 Bio-Eier
1 EL Mehl, Type 405
1 Ei, verquirlt
1 EL Pankomehl
    (japanisches Brotmehl, alter-
    nativ geriebenes Weißbrot)
Sonnenblumenöl zum Frittieren

Für den Spinat
400 g frischer Spinat
2 EL Butter
Salz
frisch gemahlener schwarzer
    Pfeffer

Für die gebackenen Eier

In einem Topf reichlich Wasser zum Kochen bringen. Die Eier ins Wasser gleiten lassen und darin 5 Minuten wachsweich kochen. Dann die Eier aus dem Wasser heben, kalt abschrecken und schälen. Die geschälten Eier leicht mit dem Mehl bestäuben und mit dem geschlagenen Ei, sowie dem Pankomehl panieren. Reichlich Öl in einem Topf erhitzen. Wenn sich an einem eingetauchten Holzstiel Blasen bilden die panierten Eier goldbraun ausbacken. Dann auf Küchenkrepp abtropfen lassen.

Für den Spinat

Den Spinat putzen, waschen und trocken schleudern. Die Butter in einer beschichteten Pfanne bei mittlerer Hitze bräunen und den Spinat hineingeben. Nachdem die Spinatblätter zusammengefallen sind, mit Salz und Pfeffer würzen.

Zum Anrichten

Den Spinat auf zwei Schalen verteilen und die Butter darüberträufeln. Die gebackenen Eier vorsichtig halbieren und auf den Spinat setzen.

Tipp

Da Pankomehl eine gröbere Struktur hat als unser Paniermehl, wird es beim Ausbacken besonders knusprig und die Panade bleibt auch länger kross.

Pochiertes Rotweinei
mit Ziegenfrischkäsetapenade

Für das Rotweinei

Den Rotwein mit dem Essig zum Köcheln bringen und leicht salzen. Die Eier einzeln in eine kleine Schöpfkelle schlagen, langsam in den köchelnden Rotwein gleiten lassen und ca. 3 Minuten pochieren. Herausnehmen und warm stellen.
200 g Rotweinsud abnehmen und zusammen mit dem roten Portwein in einem Topf auf ca. 50 ml einkochen. Die Knoblauchzehe mit der Breitseite eines Messers etwas andrücken und zusammen mit dem Lorbeerblatt und den weißen Pfefferkörnern in den Sud geben. Den reduzierten Sud durch ein Sieb in einen Topf passieren.
Bei mittlerer Hitze die Reduktion leicht mit der Stärke abbinden und die kalte Butter einrühren. Mit Salz und Pfeffer abschmecken.
Die pochierten Eier in dieser Reduktion kurz nachziehen lassen.
Das Butterschmalz in einer beschichteten Pfanne bei mittlerer Hitze erhitzen und die Weißbrotscheiben darin goldbraun rösten.

Für die Tapenade

Die Hälfte der Anchovis, der Oliven und der Kapern mit etwas Olivenöl und dem Knoblauch in einem Mörser zu einer Paste zerreiben.
Mit Salz und Pfeffer, dem Thymian und der abgeriebenen Zitronenschale abschmecken.

Zum Anrichten

Die Tapenade auf zwei Teller verteilen. Die Rotweineier auf den gerösteten Weißbrotscheiben anrichten und etwas mit der Reduktion beträufeln.
Den Ziegenfrischkäse in walnussgroße Stücke brechen, zwischen der Tapenade und dem pochierten Ei locker anrichten. Die restlichen Sardellen, Oliven und Kapern grob hacken und darüberfallen lassen.

Für das Rotweinei

250 ml trockener Rotwein
40 ml Rotweinessig
Salz
2 Eier
80 ml roter Portwein
1 Knoblauchzehe
1 Lorbeerblatt
5 weiße Pfefferkörner
½ TL Speisestärke
50 g kalte Butter
frisch gemahlener schwarzer Pfeffer
1 EL Butterschmalz
2 Scheiben Kastenweißbrot, ohne Rinde

Für die Tapenade

4 Anchovis (Sardellen)
2 EL schwarze Oliven, ohne Kern
1 TL Kapern, abgetropft
1 Knoblauchzehe, geschält
1 EL Olivenöl, extra vergine
1 Zweig Thymian
1 Bio-Zitrone
100 g Ziegenfrischkäse

Salat mit wachsweichem Bio-Ei und Räucherforelle

2 Personen

ca. **20** Minuten

2 Kopfsalatherzen
125 ml saure Sahne
50 ml kräftiger Geflügelfond
2 EL hochwertiges Pflanzenöl
    (z. B. kalt gepresstes Rapsöl
    oder Sonnenblumenöl)
1 TL mittelscharfer Senf
Saft einer Zitrone
Salz
1 Prise Kristallzucker
frisch gemahlener weißer Pfeffer
1 Bund Schnittlauch,
    fein geschnitten
2 Bio-Eier
200 g geräuchertes Forellenfilet
4 dünne Scheiben Roggen-
    Sauerteigbrot
1 EL Butterschmalz

Für den Kopfsalat

Die gelben Kopfsalatblätter zerpflücken, waschen und gut trocken schleudern.
Aus der sauren Sahne, dem Geflügelfond, dem Öl, dem Senf und dem Zitronensaft ein Dressing rühren. Mit Salz, Pfeffer und Zucker abschmecken und den Schnittlauch zugeben.

Für die Eier

Die Eier in sprudelnd kochendes Wasser gleiten lassen. Je nach Größe in 5–7 Minuten wachsweich kochen, aus dem Wasser nehmen, mit kaltem Wasser abschrecken und schälen.

Für das Forellenfilet

Das Forellenfilet leicht mit Öl bestreichen und auf einen ofenfesten Teller legen. Den Teller gut mit Frischhaltefolie abdecken und die Filets im auf 50 °C vorgeheizten Backofen 10 Minuten erwärmen.
In der Zwischenzeit das Butterschmalz in einer beschichteten Pfanne erhitzen und die Brotscheiben darin goldbraun rösten.

Zum Anrichten

Den Kopfsalat im Dressing wenden, auf zwei Teller verteilen und das restliche Dressing über und neben die Blätter träufeln. Die Eier vorsichtig mit den Händen halbieren und noch lauwarm auf dem Salat anrichten. Leicht mit Salz und Pfeffer bestreuen. Abschließend das lauwarme Forellenfilet über den Salat zupfen. Die Brotscheiben dazu reichen.

Stulle Lorraine

Den Brotkanten aushöhlen und eine winzige Ecke vom Endstück abschneiden, damit er einen besseren Stand hat. Die oberen Ränder mit etwas Olivenöl bepinseln.

Das Eigelb mit der Crème fraîche verrühren und mit Salz, Pfeffer und Curry abschmecken. Den Speck in gröbere Würfel schneiden und in einer Pfanne anbraten.

Die Frühlingszwiebeln fein schneiden und mit dem angebratenen Speck und der Crème fraîche verrühren. Die Mischung in den ausgehöhlten Brotkanten füllen und auf einem Backblech im auf 180 °C vorgeheizten Backofen (Ober-/Unterhitze) etwa 10 Minuten backen.

Zum Anrichten
Noch warm mit einem kalten Bier servieren.

1 Brotrest
1 EL Olivenöl
1 Eigelb
2 EL Crème fraîche
Salz
frisch gemahlener schwarzer Pfeffer
1 Prise Currypulver
1 dicke Scheibe durchwachsener Bauchspeck
3 Frühlingszwiebeln

1
Brotkanten

ca. **15** Minuten

Die Sache mit dem Ei

Egal ob Gourmet-Kochkurs oder Koch-Sendung, immer wieder geht es in vielen Gesprächen mit Euch um das Ei. Vom Frühstücksei bis zum Kaiserschmarrn. Grund genug, dass wir hier in den Vorspeisen und Zwischengerichten auch einige Eier-Rezepte haben. Und Grund genug, dem Ei jetzt sogar ein ganzes Kapitel zu widmen.

Das Ei ist eines der komplexesten Nahrungsmittel überhaupt, weil es nicht nur wichtige Kohlenhydrate, sondern auch jede Menge Vitamine, Spurenelemente und natürlich Eiweißstoffe, also Proteine, enthält. Und wahrscheinlich ist es auch eines der ersten Lebensmittel, das der Mensch verzehrt hat. Denn das Ei musste man ja nicht jagen – höchstens die Hennen von den Eiern verjagen! Aus dem Ei erwacht Leben, und weil es in seiner perfekten Form, dem Oval, keinen Anfang und kein Ende hat, ist es in vielen Religionen auch Sinnbild für den Kreislauf des Lebens. Ich glaube, auch weil uns das Ei schon so lange in unserer Ernährung begleitet, gibt es unzählige Rezepturen für Eiergerichte. Außerdem sind Eier sehr verwandlungsfähig. Man kann sie kochen, pochieren, braten, oder auch roh verzehren. Und wenn man dann noch verschiedene Zutaten beigibt, entstehen hunderte von Gerichten. Ein kleiner historischer Ausblick: Schon im Jahr 1803 führte Alexandre Balthazar Laurent Grimod de la Reynière in seinem »Almanach des gourmands« 543 Eiergerichte auf. Eier-Rezepte gibt es natürlich auch hier im Buch, aber jetzt geht es erst einmal um ein paar grundsätzliche Ei-Irrtümer und Geh-Ei-mnisse,

Das Thema frisches Ei

Frische Eier gehören nicht in den Kühlschrank. Da halten sie auch nicht besser und verlieren vor allem durch die niedrigen Temperaturen Vitamine. Das Ei wird bis zu drei Wochen ganz natürlich von der sogenannten Cuticula, einer dünnen Haut auf der Außenseite der Schale vor Mikroorganismen und Austrocknung geschützt. Deswegen sollte man Schmutzrückstände übrigens auch nicht abwaschen, sondern ganz vorsichtig mit einem Tuch entfernen. Sonst zerstört man die Cuticula und reibt eventuelle Bakterien geradezu ins Ei hinein. Erst nach etwa drei Wochen wird die Cuticula porös, und dann sollten die Eier, ehrlich gesagt, auch gegessen sein!

Wenn sie nun trotzdem in den Kühlschrank wandern, dann müsst Ihr auf alle Fälle beachten, dass Eier jede Form von Geschmack und Aroma anziehen. Wenn also das Ei neben dem Schnittlauch liegt, ist mit der Mousse au Chocolat, die Ihr daraus macht, eine große Überraschung verbunden. Wenn man allerdings schwarzen oder weißen Trüffel neben das Ei legt, kann das einen sehr schönen Effekt haben – Trüffeleier.

Jetzt könnte es allerdings kompliziert werden. Denn, wer nun glaubt, dann sei wohl das ganz frische Ei aus dem Nest – à la »Urlaub auf dem Bauernhof« – das beste, der irrt. Den besten Geschmack haben Eier zwischen dem fünften und etwa zwölften Tag nach dem Legen.

Zusammengefasst: Die besten Eier habe ich, wenn ich sie frisch kaufe, sie aber nicht vor dem

fünften Tag esse und nach dem zwölften Tag nicht zu lange lagere, damit sie nicht in den Kühlschrank müssen. Ganz einfach also.

Das Thema hart und weich

So manche Frühstücksharmonie wurde schon durch zu weiche oder zu harte Eier zerstört. Tatsächlich kommt es eben immer auf das Ei an. Die Größe, das Alter, die Temperatur. Wenn man aber einmal von Eiern in der groben Größe von S, M und L und vielleicht noch vereinzelten XL ausgeht, dann nehmen wir ein M-Ei (etwa 55 Gramm), das noch nicht im Kühlschrank war: Möchtet Ihr dann ein Ei, bei dem das Eigelb zum größten Teil weich, das Eiweiß aber fest ist, dann lasst es sechs Minuten im siedenden Wasser.

Für dieses Sechs-Minuten-Ei gibt es auch die Methode, das Ei ins kalte Wasser zu legen und ab dem Kochen des Wasser drei Minuten zu rechnen. Das bedeutet dann aber, dass man das Kochen überwachen muss. Außerdem erhitzen unterschiedliche Herde das Wasser unterschiedlich schnell. Ich würde also auf die erste Methode zurückgreifen.

Wollt Ihr ein hart gekochtes Ei, darf es auch zehn Minuten köcheln. Kocht Ihr es länger, werdet Ihr wahrscheinlich ein sogenanntes Matrosen-Ei bekommen. So nennt man die Eier, bei denen das Eigelb einen grünblauen Rand hat. Diese Eier sind nicht gesundheitsschädlich, haben aber meistens nur noch wenig Geschmack. Bei Ostereiern, die oft noch nach dem Kochen in heißem Wasser gefärbt werden, ist dies oft der Fall. Färbt Ihr Ostereier also mit dieser Methode selbst, vorher etwas weniger kochen.

Das Thema Piksen

Auch ein Märchen ist es übrigens, dass man das Ei an seiner stumpfen Seite anpiksen soll, bevor man es kocht, damit die Schale nicht platzt und Eiweiß ausläuft. Richtig ist, dass sich an der stumpfen Stelle des Eis tatsächlich eine kleine Luftkammer befindet. Früher wurde behauptet, dass sich diese Luft durch die Wärme beim Kochen ausdehnt und die Schale sprengt - wenn man ihr durch den Pikser keinen Ausweg gibt. Unsinn! Eine normale Eierschale hält dem Druck stand. Versuche haben ergeben: ob ohne oder mit Piks, etwa jedes zehnte Ei platzt beim Kochen. Um allerdings zu verhindern, dass dann das ganze Ei ausläuft, gibt es einen einfach Trick: ein Schuss Essig ins Wasser.

Das Thema Abschrecken

Gebt es zu: Wer von Euch schreckt sein Ei nach dem Kochen ab, damit das Schälen leichter geht? Lasst es einfach. Tatsache ist: Je frischer das Ei, umso schlechter lässt es sich pellen. Nur für den oben schon erwähnten Frühstücksfrieden kann Abschrecken sinnvoll sein. Denn wenn das weiche Ei absolut perfekt aus dem Wasser kommt, dann verhindert das Abschrecken, dass das Eigelb bis zum Verzehr im heißen Ei noch etwas weitergart. Bei harten Eiern sollte man allerdings wirklich nicht abschrecken, wenn man sie nicht gleich verzehrt. Denn das Abschrecken kann die Haltbarkeit deutlich verkürzen. Durch das Kochen wird die natürliche Schutzschicht des Eis zerstört, beim Abschrecken können dann Bakterien geradezu eingespült werden.

Ein paar Ei-Klassiker und wie sie gelingen

Wenn man möchte, dass ein Rührei beziehungsweise Omelett richtig schön aufgeht, darf man nicht den Fehler machen, die Eier mit der Gabel zu kräftig zu schlagen oder sie gar mit dem Mixstab zu verquirlen. Denn so zerstört man die Bindungskräfte des sogenannten Albumins, das nicht nur im Eiweiß, sondern vor allem auch im Eigelb enthalten ist. Aber gerade diese Bindungskräfte sorgen dafür, dass ein Omelett schön aufgeht. Verwechselt wird das oft mit dem Schlagen von Eischnee. Beim Eischnee geht es aber nicht um das Thema »Aufgehen«, sondern darum, in reines Eiklar Luft zu schlagen, bis es steifer Eischnee wird.

Und deswegen hat übrigens auch das Unterheben von Eischnee nichts mit einem perfekten Kaiserschmarrn zu tun. Der Eischnee würde sowieso in der Pfanne ganz schnell wieder zusammenfallen. Das Geheimnis der beliebten österreichischen Eierspeise (regional

korrekt »Mehlspeis«) liegt darin, den Teig zuerst nur aus Milch und Mehl anzurühren. Dazu macht man am besten, ähnlich wie beim Brotteig, eine Kuhle ins Mehl, in die man langsam Milch einfließen lässt, die man wiederum Schritt für Schritt mit dem Mehl zu einer Masse verrührt. So vermeidet man Klümpchen. Erst dann hebt Ihr die Volleier vorsichtig unter. So hat das Albumin genug Kraft, um den Teig in die Höhe zu ziehen, und er wird wunderbar fluffig. Übrigens auch so tolle Tricks wie Schlagsahne oder gar Mineralwasser unterzurühren, sind absoluter Quatsch. Den Trick mit dem Ei zum Schluss verdanke ich – nach 30 Jahren im Beruf – übrigens Hubert von der Zapferlalm in Mühlbach am Hochkönig. Man lernt eben nie aus.

Die Pfannkuchen-Faustregel

Ich finde es wunderbar, dass es bei manchen Gerichten ganz einfache Faustregeln gibt, mit denen sie immer gelingen. Wie zum Beispiel bei Pfannkuchen. Hier gilt die 1-1-1-Formel. Eine Tasse Mehl, eine Tasse Milch und eine Tasse aufgeschlagene Eier. Wie beim Kaiserschmarrn oben vermengt man erst Milch und Mehl und rührt dann vorsichtig die Eier darunter. Variationen von Crêpes bis zu Pancakes in den Grundrezepten.

Wenn der Teig fertig ist, kommt für jeden Pfannkuchen jeweils ein halber Esslöffel Butter in die Pfanne. Nicht weniger, weil die Butter ja in den Pfannkuchen hinein gehen soll und nicht mehr, weil man nicht mit der Butter des ersten den zweiten Pfannkuchen backen sollte, sonst könnte der braun werden.

Pfannkuchen dürfen nicht auf voller Hitze gebacken werden. Sonst kann die Molke in der Butter anbrennen. Außerdem wölbt sich der Pfannkuchen bei zu viel Hitze nach oben, bleibt nur an ein paar Stellen am Pfannenboden und bekommt dort dunkle Flecken. Zur Orientierung: einfach etwa auf zwei Drittel der Hitze gehen.

Aber: Wenn man den Pfannkuchen wenden, oder ihn in der Luft drehen möchte, dann muss man die Hitze für kurze Zeit ein bisschen höher stellen, den Pfannkuchen durch Schütteln der Pfanne lockern, dann »hopp« – und danach wieder runter mit der Hitze.

Zwischen-gerichte

35

Fischbrötchen

2
Personen

15

1 Dose Thunfisch,
    im eigenen Saft
1 Dose Sardinen, in Öl,
    ohne Haut und Gräten
2 Schalotten, geschält
2 EL Kapern, in Salzlake
Saft und abgeriebene Schale
    einer Bio-Zitrone
Salz
frisch gemahlener schwarzer
    Pfeffer
1 EL Olivenöl, extra vergine
2–3 Zweige Dill
2 Brötchen
2 TL Butter

Zum Anrichten
½ Dose Thunfisch
2 Sardinen, in Öl, ohne Haut
    und Gräten
1 Schalotte, geschält und in
    feine Ringe geschnitten
Schale einer Bio-Zitrone,
    in feine Zesten geschnitten
2 Zweige Dill

Den Thunfisch und die Sardinen getrennt voneinander auf einem Sieb gut abtropfen lassen. Anschließend beide in eine Schüssel umfüllen und mit einer Gabel grob zerpflücken. Die Kapern etwas abtropfen lassen, dabei die Lake auffangen, und grob hacken. Die Schalotten fein schneiden und zusammen mit den Kapern in die Schüssel geben und alles gut vermischen. Anschließend mit dem Saft und der abgeriebenen Schale der Zitrone, etwas Kapernlake, Salz und Pfeffer abschmecken. Das Olivenöl locker unterziehen. Abschließend den Dill grob gehackt unterheben.
Die Brötchen halbieren, kurz mit der Schnittseite anrösten und mit der Butter bestreichen.

Zum Anrichten

Die Brötchenunterseite dick mit der Fischpaste belegen und den Deckel seitlich anlegen. Nach Belieben können noch etwas Thunfisch und eine Sardine, die mit Schalottenringen, Zitronenzesten und einem Zweig Dill belegt sind, angerichtet werden.

Arme Ritter
mit Pfälzer Leberwurst

Mit einem Glas kleine Kreise aus dem Weißbrot stechen. Die Sahne mit dem Ei und dem Zitronenabrieb verschlagen. Die Weißbrotscheiben in die Sahne-Mischung einlegen.

Sobald sich das Weißbrot mit Sahne vollgesogen hat, herausnehmen und etwas abtropfen lassen. Die Butter in einer beschichteten Pfanne erhitzen und die Weißbrotscheiben darin langsam goldgelb ausbacken. Auf Küchenpapier abtropfen lassen.

In einer Schüssel die Leberwurst mit grob gehacktem Majoran verrühren. Mit Salz und Pfeffer würzen.

Die Tomaten und die Schalotten in feine Scheiben schneiden.

Das Rapsöl mit fein geschnittener Petersilie und altem Balsamico vermengen.

Zum Anrichten

Die Leberwurstmasse mit Tomaten- und Schalottenscheiben auf zwei Teller verteilen, und mit den gebackenen, in zwei Teile gerissenen Weißbrotscheiben anrichten. Das Dressing über die Tomaten und Schalotten träufeln.

Tipp

Das übrige Weißbrot kann man trocknen, anschließend in einer Küchenmaschine zu Brösel mixen und statt Paniermehl auf Vorrat halten.

4 Scheiben Weißbrot
100 ml Sahne
1 Ei
Abrieb einer Bio-Zitrone
3 EL Butter
Salz
frisch gemahlener schwarzer
    Pfeffer
100 g Pfälzer Leberwurst
    (alternativ grobe Leberwurst)
2 Zweige Majoran, abgezupft
3–4 Kirschtomaten
1–2 Schalotten
2–3 EL kalt gepresstes Rapsöl
1 Zweig glatte Petersilie
1 EL alter Aceto balsamico

2
Personen

ca. **20**
Minuten

Schwedische Eier

2
Personen

ca. **15**
Minuten

4 Bio-Eier
1 Bund glatte Petersilie,
    gewaschen und gezupft
2 EL Butter
grobes Meersalz
grober gemahlener schwarzer
    Pfeffer
2 Scheiben getoastetes
    Schwarzbrot

In einem Topf Wasser zum Kochen bringen. Die Eier in das kochende Wasser gleiten lassen (Vorsicht, es kann spritzen.) und je nach Größe 5–7 Minuten wachsweich kochen. Die Eier aus dem Wasser heben, unter kaltem Wasser abschrecken und vorsichtig schälen.
In der Zwischenzeit in einer Pfanne die Butter bräunen. Die trocken geschüttelte Petersilie in die heiße Butter geben und darin »frittieren«. Die Petersilie soll knusprig werden.

Zum Anrichten
Je zwei Eier auf die Teller geben, in der Mitte teilen und die heiße Butter mit der Petersilie darübergeben. Abschließend leicht mit Meersalz und Pfeffer bestreuen und mit dem Brot servieren.

Tipp
Achte darauf, dass die Petersilie nach dem Waschen richtig trocken ist. Wenn Du die Petersilie in die Pfanne mit der Butter gibst, bedecke die Pfanne für einen Moment mit einem Deckel. Das austretende Wasser spritzt dann nicht auf die Hände. Entferne den Deckel schnell, da sonst das Kondenswasser die Petersilie wieder weich werden lässt.

Lauwarmer Salat von der Maishähnchenbrust mit Maisplätzchen, Haselnuss und Majoran

4 Personen

ca. 30 Minuten
+ 30 Minuten
Ruhezeit

Für die Maisplätzchen

Eine Dose Maiskörner in ein Sieb gießen und abtropfen lassen. Dann in einen hohen Becher umfüllen und zusammen mit den Eiern und dem Mehl mit einem Pürierstab zu einem glatten Teig verarbeiten. Den Maisteig mit Salz, Pfeffer, dem Zucker und dem Koriander abschmecken. Den Teig kühl mindestens eine halbe Stunde quellen lassen. Die zweite Dose Mais ebenfalls in einem Sieb abtropfen lassen und danach unter den Teig mischen und diesen gut durchrühren. Das Öl in einer beschichteten Pfanne erhitzen. Aus dem Teig mit einem Löffel 12 kleine Plätzchen formen und diese von beiden Seiten goldgelb backen.

Für die Maishähnchenbrust

Die Maishähnchenbrüste mit Salz und Pfeffer würzen. In einer Pfanne das Öl erhitzen und die Maishähnchenbrüste auf der Hautseite anbraten. Danach kurz auf die Fleischseite drehen, aus der Pfanne nehmen und beiseitestellen.
Nun den Speck in Würfel schneiden und in der Pfanne auslassen. Anschließend überschüssiges Fett abgießen. Die Butter in die Pfanne geben und die Schalottenwürfel, sowie die leicht angedrückten Knoblauchzehen darin dünsten. Die Maishähnchenbrüste wieder zurück in die Pfanne geben und alles für 5-8 Minuten in den auf 200 °C vorgeheizten Backofen (Ober-/Unterhitze) geben. Anschließend das Fleisch etwas ruhen lassen.
Die Maishähnchenbrüste in Streifen schneiden und in einer Schüssel mit wenig Haselnussöl marinieren. Den gebratenen Speck, die grob zerstoßenen Haselnüsse und den fein gezupften Majoran zugeben. Mit Salz und Pfeffer abschmecken.

Für die Maisplätzchen

2 Dosen Mais (à 425 ml), abgetropft
3 EL Mehl, Type 405
3 Eier
Salz
frisch gemahlener schwarzer Pfeffer
1 Prise Kristallzucker
frisch gemahlener Koriander
2 EL neutrales Pflanzenöl

Für die Maishähnchenbrust

2 Maishähnchenbrüste (à ca. 180 g), mit Haut
Salz
frisch gemahlener schwarzer Pfeffer
2 EL neutrales Pflanzenöl
100 g durchwachsener Speck
2 EL Butter
1 Schalotte, gewürfelt
2 Knoblauchzehen
1 EL Haselnussöl
2 EL geröstete Haselnüsse
2 Stängel Majoran, abgezupft

Für die Beilage

Den Kopfsalat zerpflücken, waschen und trocken tupfen. Den Zitronensaft, den Zucker und den Dill gut miteinander verrühren und die Salatblätter damit marinieren.
Die Karotte mit der Aufschnittmaschine oder einem Sparschäler längs in feine Blätter schneiden. Die Butter in einer beschichteten Pfanne erhitzen und den Zucker darin karamellisieren lassen. Die Karotten zufügen und mit etwas Zitronensaft ablöschen. Die Karottenscheiben bis zur gewünschten Konsistenz garen und mit Salz abschmecken.

Zum Anrichten

Je 3 Maisplätzchen auf vorgewärmten Tellern platzieren. In den Zwischenräumen die Kopfsalatblätter anrichten und mit dem Rest des Dressings beträufeln. Die Karottenscheiben dazwischenstecken. Die Maishähnchenstreifen mit den Speckwürfeln und den Haselnüssen darauf anrichten und mit dem Öl beträufeln.

Für die Beilage
1 Kopfsalat
Saft einer halben Zitrone
1 TL Kristallzucker
3 Zweige Dill, gehackt
1 Karotte
1 EL Butter
½ TL Kristallzucker
Salz

Sauerkrautsalat
mit Birne und Speck

2 Scheiben durchwachsener
   Bauchspeck (à 100 g)
1 EL neutrales Pflanzenöl
1 Birne
200 g Sauerkraut (Konserve)
3 EL Crème fraîche
2 EL Walnussöl
Salz
frisch gemahlener schwarzer
   Pfeffer
1 TL Honig
½ Bund glatte Petersilie,
   fein geschnitten
20 g Walnusskerne

Das Öl in einer beschichteten Pfanne erhitzen. Den Speck darin knusprig braten. Die Birne schälen, halbieren und das Kerngehäuse entfernen. Die Hälften anschließend in dünne Spalten schneiden, zu den Speckscheiben in die Pfanne geben und kurz mitbraten.
Das Sauerkraut in einem Sieb etwas abtropfen lassen.
Die Crème fraîche mit Walnussöl, dem Salz, dem Pfeffer, dem Honig und der Petersilie verrühren. Das abgetropfte Sauerkraut unter-mischen und kurz durchziehen lassen.
Die Walnusskerne in die Pfanne zum Speck und den Birnen geben, kurz durchschwenken, mit einer Schaumkelle aus der Pfanne neh-men und über das Sauerkraut geben.

Zum Anrichten
Das Sauerkraut auf den Tellern anrichten und die Speckscheiben danebenlegen. Die Walnusskerne darüber verteilen.

46 Quick & Easy

Auberginen-Frites mit Dill und Mandelmayonnaise

Für die Mandelmayonnaise
Die Mandeln zur Milchmayonnaise fügen und nochmals kurz mixen. Mit Salz und Pfeffer abschmecken.

Für die Auberginen-Frites
Die Auberginen ungeschält in fingergroße Stäbchen schneiden, in eine Schüssel legen und salzen. Nach 15 Minuten die Stäbchen abwaschen und sehr gut abtrocknen.
Den Dill fein hacken und mit dem Grieß vermengen. Die Sticks darin für 15 Minuten ruhen lassen und danach gut abklopfen. In einer Fritteuse oder einem weiten Topf das Olivenöl auf ca. 170 °C erhitzen und die Sticks darin knusprig ausbacken. Die fertigen Sticks aus dem Öl heben und gut auf Küchenpapier abtropfen lassen.

Zum Anrichten
Die Sticks aufrecht in Becher stellen. Die Mandelmayonnaise in separaten Gläsern zum Dippen servieren.

Für die Mandelmayonnaise
2 Basisrezepte Milch-
   mayonnaise (S. 187)
3 EL gehobelte Mandeln
Salz
frisch gemahlener schwarzer
   Pfeffer

Für die Auberginen-Frites
2 Auberginen
frisch gemahlenes Meersalz
1 Bund Dill
500 g feinen Hartweizengrieß
Olivenöl zum Ausbacker

2 Personen

30 Minuten

Dosenfutter erlaubt

Warum habt Ihr gerade in den Zwischengerichten ein Fischbrötchen mit Dosenfisch statt frischem Fisch gefunden? Weil es schmeckt und absolut in Ordnung ist. Ich verbinde mit einer »Dosenmahlzeit« eine wunderbare Kindheitserinnerung: Wir sind oft in die Schweiz zum Skifahren gefahren, die damals schon relativ teuer war. Also wurden die Lebensmittelvorräte von zu Hause mitgenommen. Und da waren immer auch Dosen mit Thunfisch und Sardinen dabei. Mein Vater hat dann manchmal für das Frühstück je eine Dose genommen, den Fisch im Öl mit der Gabel zerdrückt, fein geschnittene Schalotten dazu, Kapern, Zitronensaft und schwarzen Pfeffer! Das war mein absoluter Lieblingsaufstrich fürs Frühstücksbrötchen. Da läuft mir heute noch das Wasser im Mund zusammen. Und ja! Wir haben seltsame Frühstücksgewohnheiten!

Und ich stehe auch nach wie vor zu Thunfisch und Sardinen – und ein paar anderen Zutaten aus der Dose oder dem Glas – wenn man ein paar Dinge beachtet.

Thunfisch ohne Serviervorschlag

Thunfisch gibt es grundsätzlich entweder im eigenen Saft oder in Öl eingelegt. Ich persönlich mag die Variante im eigenen Saft nicht, denn da ist der Fisch sehr trocken. Was auch kein Wunder ist, denn er wird in der Dose pasteurisiert, also gekocht – und das wird ohne Öl eben trocken. Auch den in Olivenöl eingelegten Thunfisch gibt es in verschiedenen Sorten. Ich bevorzuge dabei entweder Ventresca oder Bonito del norte. Ventresca sind Bauchstücke, die ein sehr festes Fleisch mit intensivem Geschmack haben. Bonito del norte ist weißer Thunfisch aus dem Atlantik, der frisch geräuchert wird. Welche Sorte Euch besser schmeckt, ist einfach Geschmackssache. Wovon ich komplett abraten würde, sind Dosen mit dem berühmten »Serviervorschlag«, die also schon zusammen mit Erbsen und Möhrchen oder Zwiebeln und Tomatensoße zum Thunfisch in die Soße gekommen sind. Das ist ein absolutes No-Go. Bitte macht Euch solche Thunfisch-Salate mit frischen Produkten selbst.

Sardinen sogar in Jahrgangsdosen

Sardinen aus der Dose sind für mich Ölsardinen. Die mittlerweile angebotenen ölfreien Sardinen ignorieren wir hier also einfach. Ölsardinen gibt es in unterschiedlichen Formen: im Ganzen eingelegt, mit Kopfgräten und Haut, ohne Kopf und ohne Haut. In welcher Form auch immer, das macht keinen Qualitätsunterschied aus, sondern ist Geschmackssache. Es gibt allerdings auch Sardinen in Stücken. Diese kommen aus dem Pazifik und schmecken für meinen Geschmack weniger intensiv.

Die besten Ölsardinen stammen aus Frankreich und Portugal, denn dort müssen die Fische selbst, das Olivenöl sowie der Konservierungsprozess hohen Qualitätsansprüchen entsprechen. In der Dose mit dem Öl reifen Sardinen übrigens mehrere Jahre, damit sich durch die Verbindung des Fischs mit dem Öl der spezifische Geschmack entwickelt. Manche Sardinen-Öl-Unternehmen haben daher sogar Mindestlagerzeiten. Und es gibt inzwischen sogar Jahrgangssardinen. Auf ihren Dosen ist der

Abfüllungsjahrgang eingeprägt, außerdem müssen Öl und Fisch von besonders hoher Qualität und direkt nach dem Fang frisch verarbeitet sein.

Ich persönlich mag am liebsten die feinen Sardinen ohne Haut in Öl. Die eignen sich am besten für das oben schon erwähnte Frühstücksbrötchen. Aber auch, wenn man abends oder nachts nach Hause kommt und überhaupt keine Lust mehr hat, den Herd anzumachen. Wenn man dann ein Stück Brot hat, mit dem man die Sardinen direkt aus der Dose löffeln kann, ganz ohne Besteck – dazu vielleicht noch eine angebrochene Flasche Weißwein – ein Traum. Kein wirklich kalorienarmer aber sehr gesunder Snack, denn Sardinen haben unheimlich viele wertvolle Omega-III-Fettsäuren.

Sardelle und Anchovis

Ich liebe Sardellen und Anchovis, habe aber trotz einiger Recherchen nicht die genauen Unterschiede herausgefunden – zumindest nicht, ohne Euch über Seiten zu langweilen. Aber wir wissen alle, was mit den salzigen kleinen Fischen gemeint ist. Wie gesagt, ich liebe Sardellen und Anchovis, aber es müssen richtig schöne dicke, nicht zu salzige Filets in einem guten Olivenöl sein.

Die schönste Sardelle habe ich in Heidelberg gegessen. Jedes Filet war da bestimmt zehn Zentimeter lang, kostete allerdings auch zwei Euro zehn. Ob das nun eigentlich Sardinen waren, ich weiß es nicht. Auf jeden Fall waren sie von der Konsistenz und vom Geschmack her wie Anchovis und einfach sehr, sehr gut.

Oliven bitte nicht pechschwarz

Zur Grundausstattung an eingelegten Konserven gehören natürlich auch Oliven, Gürkchen und Kapern, die es alle häufiger im Glas als aus der Dose gibt. Auf die Oliven möchte ich dabei ein bisschen näher eingehen. Ich wusste selbst lange nicht genau, was eigentlich der Unterschied von grünen und schwarzen Oliven ist. Daher war ich auch sehr verwundert, als ich einmal auf Kreta einen Baum gesehen habe, der sowohl grüne als auch dunkle Oliven trug. Dabei ist es ganz einfach: Je dunkler die Früchte desto reifer. Die dunklen Oliven am Baum waren also die auf der Sonnenseite, die schneller reifen konnten.

Zur Olivenölgewinnung und für Olivenkonserven kann man sowohl unreife als auch reife Oliven verwenden, sie unterscheiden sich nur geschmacklich. Vorsicht ist aber geboten bei pechschwarzen Oliven. Natürlich gereifte Oliven werden zwar sehr dunkel, haben aber immer

noch einen leicht violetten Schimmer. Sind sie pechschwarz, kommt das von den Stabilisatoren Eisen-II-Glucomat oder Eisen-II-Lactat. Wer sich sicher sein möchte, ob er echte »schwarze« Oliven hat, muss also genau auf die Liste der Inhaltsstoffe schauen. Offen verkaufte Oliven, zum Beispiel auf dem Wochenmarkt, müssen mit einem Hinweis »geschwärzt« gekennzeichnet werden. Die künstliche Färbung der Oliven ist zwar nicht gesundheitsschädlich, führt aber geschmacklich in die Irre. Denn im Vergleich zu den knackigen, aber auch oft leicht bitteren grünen Oliven schmecken die natürlich gereiften, dunklen deutlich milder und sind weicher in der Konsistenz. Kommt die Farbe nur von den Stabilisatoren, schmecken sie eben, wie die grünen, leicht bitter.

Es gibt natürlich auch die verschiedensten Olivensorten. Meine Lieblingsoliven sind italienische »Taggiasca«, dunkle Oliven ohne Kern. Wenn sie entkernt sind, heißen sie »Scocciolate«. Bei den grünen Oliven mag ich die französischen »Lucques« sehr gerne. Die sehen ein bisschen aus wie Zäpfchen, schmecken aber sogar direkt aus der Lake.

Ich würde übrigens nicht unbedingt Oliven kaufen, die schon im Glas mit Chili, Schafskäse oder Kräutern verfeinert sind. Das kann man gut und gerne selbst machen.

Tomaten DOP

Wenn ich außerhalb der Tomatensaison Lust auf Tomatensoße habe – und ehrlich gesagt sogar während der Tomatensaison – dann gibt es eigentlich nichts besseres als San-Marzano-Dosentomaten, offiziell »Pomodoro San Marzano dell'Agro Sarnese-Nocerino DOP« (also mit geschützter Herkunftsbezeichnung). Das ist eben keine Marke, sondern eine Sorte, die vorwiegend an den Hängen des Vulkans Vesuv in Süditalien angebaut wird. Diese relativ kleinen, länglichen Tomaten (man nennt sie auch Flaschentomaten) haben wenig Wasser im Fruchtfleisch und erhalten durch die Sonne ein unvergleichliches Aroma. Durch die mit Vulkanasche geschwängerten Böden gedeihen sie so wunderbar, dass man den geschmacklichen Unterschied zu namenlosen Dosentomaten sofort merkt, wenn man eine davon direkt aus der Dose probiert. Die San Marzanos sind das ganze Jahr über prächtige Grundlage für Tomatensoßen und Tomatensuppe. Oder für Tomaten-Panzanella, also Tomaten-Brotsalat: Altes Brot rösten, in Würfel schneiden und dann mit Olivenöl und Tomaten vermengen. Ein bisschen Basilikum, Salz, Pfeffer, fertig.

Inzwischen gibt es auch schon Tomaten aus der Flasche. Da bin ich irgendwie skeptisch. Vielleicht, wenn es ganz schnell gehen soll, mag es erlaubt sein. Aber vorher mal auf der Flasche lesen, was da eigentlich drin ist. Wenn es ohne Konservierungsstoffe und Zusätze ist, von mir aus.

Sauerkraut

Wer hat zu Hause nicht schon mal Sauerkraut aus der Dose oder dem Glas oder auch mal frisches Kraut aus dem Eimer verwendet. Das ist völlig in Ordnung, zu Hause würde der Gärungsprozess ja auch mehrere Wochen dauern. Damit es wirklich schmeckt, muss Sauerkraut ohnehin eigentlich, wie Wilhelm Buschs Witwe Bolte schon immer wusste, mindestens vom Vortag sein: »Wofür sie besonders schwärmt, wenn es wieder aufgewärmt«. Zwar hat das konservierte, also pasteurisierte Sauerkraut nicht mehr so viele Nährstoffe wie frisches, dafür schmeckt es aber milder. Aber bitte kauft pures Kraut nicht solche Dinge wie Rahmkraut – das kann man nun wirklich ganz schnell selbst machen. Wenn man den sauren Geschmack nicht so mag, kann man das Kraut aus der Konserve auch in ein Sieb geben, und es vor der Zubereitung waschen. Das haben wir übrigens für das Sauerkraut-Rezept hier im Buch auch so gemacht.

Ente aus der Dose

Ja, es gibt auch Fleisch aus der Dose. Da wäre ich allerdings schon eher für die frische Variante – schließlich müssen wir ja normalerweise nicht längere Zeit ohne Einkaufsmöglichkeiten durchhalten. Aber es gibt Ausnahmen. Zum Beispiel die konfierte Entenkeule. Das ist ein Klassiker aus Südwestfrankreich, beispielsweise aus den Departements Gascogne oder Landes, wo traditionell Enten und Gänse gehalten werden. Ursprünglich waren die konfierten Entenkeulen natürlich der Fleischvorrat für den Winter. Die Tiere werden im Herbst geschlachtet. So entsteht zu einem bestimmten Zeitraum eine große Menge

an Entenbrüsten, Keulen und Flügeln. In früheren Zeiten hat man diese Teile gepökelt, also in Salz eingelegt. Später wurden sie dann im eigenen Fett mit Knoblauch, Nelke und Lorbeer so lange geköchelt, bis das Fleisch so zart war, dass es fast von den Knochen fiel. Das wird noch heute so gemacht, um eine besondere Delikatesse zu bekommen. Nach dem Kochen kommt das Fleisch mit der noch anhaftenden Haut in einen Steingut-Topf. Man lässt das Entenschmalz langsam nach unten sinken und ein wenig kalt werden. Dann gießt man den Topf mit dem restlichen Schmalz aus dem Kochtopf so lange auf, bis das gesamte Fleisch bedeckt ist. Nach demselben Prinzip wird in der Fabrik verfahren. Der Steingut-Topf wird hier mit der Dose ersetzt.

Die Zubereitung der konfierten Entenkeule ist ganz einfach. Ihr gebt die schon geöffnete Dose in ein warmes Wasserbad. Sobald das Entenschmalz durch die Wärme flüssig, also durchsichtig und nicht mehr weiß, geworden ist, gießt Ihr Ente und Schmalz über einem Topf in ein Sieb. Das abgesiebte Entenschmalz hebt Ihr auf. Die Entenkeule kommt dann in eine Auflaufform. Dann schiebt man sie ganz einfach bei 150 °C unter den Grill im Backofen bis sie knusprig ist. Das Entenschmalz könnt Ihr zum Beispiel zum Zubereiten einer Soße verwenden.

Zum Schluss dieses Kapitels nochmal ganz allgemein: Wenn Ihr Euch bezüglich der Qualität irgendeines Dosen-Produktes sicher sein wollt, dann probiert Euch auch einfach einmal durch. Auch beim Thema Dosen heißt Kochen probieren, alle Sinne benutzen – selbst wenn es mal zu einem negativen Geschmackserlebnis führt.

Portugiesisches Tempura mit
grünen Bohnen und rohem Tomatendip

2
Personen

ca. **30** *Minuten*

Für die Bohnen
1 Bio-Limette
60 g Mehl, Type 405
50 g Stärkemehl
2 EL eiskaltes Mineralwasser
    mit Kohlensäure
Salz
300 g grüne Bohnen
neutrales Pflanzenöl zum
    Frittieren

Für den Tomatendip
1 rote Zwiebel
2 Chilischoten
100 g Kirschtomaten
1 TL Honig
Salz
frisch gemahlener schwarzer
    Pfeffer

Die Schale der Limette fein abreiben und die Frucht anschließend auspressen.
50 g Mehl und das Stärkemehl mit dem Mineralwasser, dem Limettensaft und der abgeriebenen Schale zu einem glatten, zähflüssigen Teig verrühren. Den Teig mit Salz abschmecken.
Die Bohnen waschen, trocknen und die Stielansätze entfernen.
Das Öl in einer Fritteuse oder einem weiten Topf erhitzen, bis sich an einem eingetauchten Holzstiel Blasen bilden. Die Bohnen leicht mit Mehl bestäuben und durch den Tempura-Teig ziehen. Den Teig etwas abtropfen lassen und die Bohnen im heißen Fett knusprig backen. Anschließend herausnehmen und auf Küchenpapier abtropfen lassen.

Für den Tomatendip
Die Zwiebel schälen und klein schneiden. Die Chilischoten waschen, entkernen und fein hacken. Die Kirschtomaten mit dem Honig, dem Chili, den Zwiebeln, Salz und Pfeffer vermengen und mit einem Stabmixer zu einer cremigen Masse mixen.

Zum Anrichten
Den Tomatendip auf einem Teller anrichten und die frittierten Bohnen daraufschichten.

Tipp
Ich liebe diesen Tomatendip – einfach alte Zutaten in einen Becher geben, mixen und zack ist er fertig.

Kids-Burger

Für den Salat

Die Salatblätter waschen und abtropfen lassen. Die Möhre, den Rettich und die Rote Bete putzen, auf dem Gemüsehobel in lange, sehr feine Streifen hobeln und in kaltes Wasser legen.

Für die Mayonnaise

Die Kokosraspel in einer Pfanne ohne Fett bei mittlerer Hitze unter Wenden goldbraun rösten. Das Ei, den Senf, das Salz und das Öl in einen hohen Mixbecher geben. Einen Stabmixer in den Becher stellen und die Zutaten mixen, indem der Mixstab langsam mehrmals hochgezogen wird. Abschließend die gerösteten Kokosraspel untermischen.

Für die Patties

Die Zwiebel schälen, fein würfeln und in einer Pfanne in 1 EL Öl andünsten. Die Currypaste zugeben und gleichmäßig untermischen. Das Toastbrot würfeln und in der Moulinette fein zerbröseln. Den Ingwer schälen und fein reiben. Das Hähnchenfleisch grob würfeln und in einen Fleischwolf geben oder sehr fein hacken. Das Hackfleisch mit den Zwiebelwürfeln, dem Ingwer, der Limettenschale, dem Toastbrot und den Eiern gut mischen und mit Salz abschmecken. Aus der Hackmasse mit angefeuchteten Händen 2 flache Bouletten formen. Das restliche Öl stark erhitzen und die Bouletten auf jeder Seite etwa 3 Minuten braten.

Zum Anrichten

Die Gemüsestreifen aus dem Wasser nehmen, gut abtropfen lassen und salzen. Die Burger-Brötchen durchschneiden und kurz in einer beschichteten Pfanne anrösten. Die Burgerhälften mit der Kokos-Mayonnaise bestreichen und die unteren Hälften jeweils mit 2 Scheiben Mango belegen. Anschließend mit den Salatblättern, den Gemüsestreifen, den Bouletten und dem Koriandergrün (oder Petersilie) belegen und servieren.

2 Personen

30 Minuten

Für den Salat
50 g gemischte Blattsalate
1 Karotte
5 cm weißer Rettich
1 Rote Bete
Salz

Für die Mayonnaise
2 EL Kokosraspel
1 Ei
100 ml Pflanzenöl
½ TL Senf, mittelscharf
Salz

Für die Patties
1 Zwiebel
2 EL neutrales Pflanzenöl
eine Messerspitze rote Curry-
    paste
2 Scheiben Weizentoastbrot
2 cm frische Ingwerwurzel
2 Hähnchenbrustfilets
    (Bioqualität, ohne Haut)
fein abgeriebene Schale einer
    Bio-Limette
2 Eier
eine Prise Salz

Zum Anrichten
2 Burger-Brötchen mit Sesam
1 Mango, geschält
2 – 3 Zweige Koriander
    (alternativ glatte Petersilie)

Haupt-gerichte

Meine ersten Geschmackserinnerungen an Gerichte? Nudelauflauf und Rinderrouladen. Die hat meine Mutter gemacht, und ich habe den Geschmack noch genau auf der Zunge. Versucht Euch selbst mal an Kindheits-Geschmäcker zu erinnern und sie nachzukochen. Erst mal aus dem Kopf – so übt man auch gleich »kochen« -und erst im Notfall nach dem Rezept forschen.

Schwarzwälder Schinkenpfannkuchen
mit Dicken Bohnen

2 Personen

ca. **30** Minuten

100 g Butter
½ Pfannkuchen-Grundrezept
   (Siehe S. 189)
Salz
frisch gemahlener weißer Pfeffer
frisch geriebene Muskatnuss
100 g Dicke-Bohnen-Kerne
1 Schalotte, geschält und in
   Ringe geschnitten
1 EL glatte Petersilie,
   fein geschnitten
6 Scheiben Schwarzwälder
   Schinken
2 EL Schmand
   (Sauerrahmprodukt mit mind.
   24 % Fettgehalt)
1 Prise Kristallzucker
Saft einer halben Zitrone
2 EL Sonnenblumenöl,
   kalt gepresst
1 Kopfsalat, geputzt und
 · gewaschen
1 Bund Schnittlauch,
   fein geschnitten

Die Hälfte der Butter in einem Topf bei mittlerer Hitze bräunen und mit dem Mehl, den Eiern und der Milch zu einem Pfannkuchenteig verrühren. Den Teig mit Salz, Pfeffer und Muskat würzen und etwas ruhen lassen.

Die Dicken Bohnen kurz in ungesalzenem, kochendem Wasser blanchieren und aus ihrem Häutchen schnippen.

Die Schalottenringe in der restlichen Butter anschwitzen und die Dicken-Bohnen-Kerne zugeben. Mit Salz und Pfeffer würzen und die Petersilie zufügen.

Die Hälfte der Schinkenscheiben ohne Fett in einer beschichteten Pfanne bei mittlerer Hitze anbraten und die Hälfte des Pfannkuchen-teigs darübergießen. In den noch flüssigen Teig eine Portion Dicke Bohnen geben. Den Pfannkuchen fertig garen, einmal wenden, kurz von der anderen Seite bräunen und auf einen Teller gleiten lassen. Mit der anderen Hälfte der Zutaten genauso verfahren.

Den Schmand mit dem Salz, dem Zucker, dem Pfeffer und dem Zitronensaft abschmecken und das Sonnenblumenöl einrühren. Anschließend damit den mundgerecht zerpflückten Kopfsalat mari-nieren und den Schnittlauch unterheben.

Zum Anrichten
Die Schinkenpfannkuchen auf vorgewärmten Tellern anrichten.
Den Salat in einer separaten Schale dazu reichen.

Kreuzberger Leber
mit Sumach

Für das Kartoffelpüree

Die Kartoffeln gewaschen, aber ungeschält in reichlich gesalzenem Wasser gar kochen (Dauer ca. 15–20 Minuten). Die Butter in einem kleinen Topf erhitzen. Anschließend die Kartoffeln durch eine Kartoffelpresse in den Topf drücken (die in der Presse zurückgebliebenen Schalen immer wieder entfernen oder die Kartoffeln vorher schälen) und den Joghurt unterrühren. Mit Salz abschmecken.

Für die roten Zwiebeln

Die Zwiebeln schälen, in feine Scheiben schneiden und in eine Schüssel geben. Mit Salz und Zucker abschmecken und den Zitronensaft angießen. Anschließend verkneten und etwas ziehen lassen. Die Zwiebelscheiben in einem Sieb unter fließendem Wasser abspülen, abtropfen lassen und in eine Schüssel umfüllen. Die Minze und die Petersilie grob hacken und unter die Zwiebeln heben.

Für die Leber

Das Mehl mit 1 EL Sumach vermengen. Die Leber waschen, häuten und von allen Röhren befreien. Danach die Leber sorgfältig abtupfen und der Länge nach in dünne Scheiben von je etwa 40 g schneiden. Die Leberscheiben nebeneinander auf ein Küchenbrett legen und auf beiden Seiten leicht mit dem Sumach-Mehl bestäuben. Überschüssiges Mehl abklopfen. In einer Pfanne das Pflanzenöl und 1 EL Butter aufschäumen lassen und die Leber darin ca. 1–2 Minuten braten. Dann den Salbei zugeben und mit Pfeffer, Salz, Cayennepfeffer und dem restlichen Sumach würzen.

Zum Anrichten

Pro Person 2 Leberscheiben auf vorgewärmte Teller geben, mit etwas Bratensaft beträufeln, Kartoffelpüree und Zwiebeln dazugeben.

Tipp

Damit die Leber nicht zäh wird, diese erst nach dem Braten salzen.

Für das Kartoffelpüree
5 mittelgroße Kartoffeln
   (z. B. Bintje)
Salz
2 EL Butter
100 g Joghurt, Fettgehalt 10 %

Für die Zwiebeln
3 rote Zwiebeln
Salz
1 Prise Kristallzucker
Saft einer halben Zitrone
2 Stängel grüne Minze
2 Stängel glatte Petersilie

Für die Leber
2 EL Mehl, Type 405
2 EL Sumach (gemahlene
   Früchte des Gerber-Sumach,
   im türkischen Lebensm.ttel-
   markt erhältlich)
300 g Lammleber
1 EL Sonnenblumenöl
1 EL Butter
1 Stängel Salbei
Cayennepfeffer

2 Personen

30 Minuten

Mozzarella-Hackbällchen-Auflauf

2
Personen

ca. **30**
Minuten

2 EL Butter
1 Gemüsezwiebel
2 Knoblauchzehen
1 gelbe Paprikaschote
250 g Hackgrundmasse
(siehe Grundregel Hackfleisch
Seite 191)
250 g Mini-Mozzarellakugeln
150 g Kirschtomaten am
Strauch
Salz
grob gemahlener schwarzer
Pfeffer

Dieses Gericht ist so einfach, aber auch so lecker, wie es der Name schon verspricht. Es ist sensationell schnell vorbereitet und bietet an einem Abend mit Freunden auch dem Gastgeber die Möglichkeit, an Gesprächen teilzuhaben, da keine stundenlangen Vorbereitungen für ein leckeres Gericht notwendig sind.

Eine feuerfeste Auflaufform mit 1 EL Butter auspinseln. Die Zwiebel fein würfeln und den Knoblauch fein hacken. Beides in der restlichen Butter bei milder Hitze so anschwitzen, dass sie keine Farbe nehmen. Die Paprikaschote in gleichmäßige Würfel schneiden und zu den Zwiebeln geben. Alles einmal durchschwenken und auf dem Boden der Auflaufform verteilen. Aus der Hackfleischmasse Bällchen in der Größe der Mozzarellakugeln formen. (Hierbei möglichst sorgfältig arbeiten, denn der Clou des Gerichtes besteht darin, dass Mozzarella, Hack und Kirschtomaten alle gleich groß sein sollen!) Anschließend werden die Hackfleischbällchen, die Mozzarellakugeln und die Tomaten nach einem beliebigen Muster in die Auflaufform gesetzt (schön sind ein Schachbrettmuster oder eine Spirale). Anschließend den Auflauf in den auf 220°C vorgeheizten Backofen (Ober-/Unterhitze) stellen und in ca. 20 Minuten goldgelb backen.

Zum Anrichten
Einfach die Form auf den Tisch stellen und jeder bedient sich selbst. Als Beilagen eignen sich ein schönes Baguette oder ein herzhaftes Mehrkornbrot.

Tipp
Das ist nur das Grundrezept. Das Gericht kann problemlos individuell variiert werden. Versuche zum Beispiel einmal die Zugabe von Kapern oder Oliven oder von Kräutern wie Basilikum. Wenn Du es gerne etwas schärfer bevorzugst, verwende Chili. Auch Pilze der Saison eignen sich gut. Der Phantasie sind hier keine Grenzen gesetzt. Als Variante können auch gehackte Kräuter in etwas Olivenöl separat dazu gereicht werden.

Arabisches Reiterfleisch

Für das Fleisch

In einer Pfanne das Rapsöl erhitzen. Das Hackfleisch darin anbraten und feinkrümelig zerteilen. Anschließend die Zwiebeln dazugeben und mit anbraten, bis sie glasig sind. Danach die Äpfel, das gehackte Ei, das Tomatenmark und den Meerrettich untermengen. Diese Masse mit Salz, Pfeffer und Paprikapulver abschmecken und 10 Minuten bei kleiner Hitze und gelegentlichem Umrühren schmoren lassen. Abschließend den Schmand unterrühren.

Für die Beilagen

Die grünen Bohnen waschen, putzen (also die oberen und unteren Enden abschneiden) und in kochendem Salzwasser für etwa 8 Minuten blanchieren. Anschließend die Bohnen mit einem Schaumlöffel aus dem Wasser heben und über einem Sieb gut abtropfen lassen. Die Kartoffeln in etwa 2 cm große Stücke schneiden. In einer weiten Pfanne die Butter zerlassen und die noch heißen Bohnen und die Kartoffelstücke darin schwenken.

Zum Anrichten

Die Beilagen auf vorgewärmte Teller verteilen und daneben das Fleisch anrichten.

Tipps

Das Tomatenmark mit etwas kalt gepresstem Rapsöl und etwas Wasser glatt rühren. So verteilt es sich besser und umhüllt das Hackfleisch.

Die Kartoffeln waschen und ungeschält in Salzwasser einlegen, sodass sie mit Wasser bedeckt sind. Alles zusammen zum Kochen bringen und anschließend auf mittlerer Hitze fertig garen. Die Garzeit hängt von der Größe der Kartoffeln und der Kartoffelsorte ab und beträgt ca. 15–20 Minuten.

2 Personen

20 Minuten

Für das Fleisch

300 g Hackfleisch (jeweils zur Hälfte Rind- und Schweinefleisch)
2 EL Rapsöl
½ mittelgroße Zwiebel, geschält und in feine Würfel geschnitten
1 Apfel (z. B. Boskoop), geschält und in Würfel geschnitten
1 hart gekochtes Ei, grob gehackt
1 TL Tomatenmark
1 TL Meerrettich (aus dem Glas)
Salz
frisch gemahlener weißer Pfeffer
1 Prise scharfes Paprikapulver
3 EL Schmand (Sauerrahmprodukt mit mind. 24 % Fettgehalt)

Für die Beilagen

200 g grüne Bohnen
Salz
100 g festkochende Kartoffeln (z. B. Ditta) gekocht und geschält
1 EL Butter

Minutensteaks mit Minze, Kapern und Cashew-Capellini

2 Personen

ca. **30** Minuten

Für das Fleisch
4 EL kalte Butter
4 Schweinerückensteaks (à 80 g)
Salz
frisch gemahlener schwarzer Pfeffer
50 ml trockener Weißwein
2 EL Kapern, in Salzlake, abgetropft
½ Bund grüne Minze, gehackt
2 Bio-Limetten, die Schale abgerieben, filetiert

Für die Beilage
200 g Capellini von De Cecco (sehr dünne Nudeln der Firma De Cecco)
Salz
1 EL Olivenöl
2 EL Cashewkerne, geröstet und grob gehackt

Für das Fleisch

Die Butter in einer beschichteten Pfanne auf mittlerer Hitze bräunen. Die Fleischscheiben salzen, in die Pfanne legen und etwa eine halbe Minute von jeder Seite Farbe nehmen lassen. Anschließend mit dem Weißwein ablöschen und die Pfanne gut schwenken, sodass sich die Butter und der Wein gleichmäßig verteilen können.
Die Kapern, die gehackte Minze, die Limettenfilets und die abgeriebene Limettenschale zugeben und gut durchschwenken.

Für die Beilage

Die Capellini in reichlich Salzwasser 2 Minuten kochen, abgießen und tropfnass mit dem Olivenöl und den Cashewkernen locker vermengen.

Zum Anrichten

Die Cashew-Capellini auf vorgewärmten Tellern anrichten.
2 Minutensteaks danebenlegen und die Weißweinbutter darüberlöffeln. Abschließend auf den Steaks noch etwas grob gehackte Minze und einige Limettenfilets verteilen.

Tipps

Nusskerne wie Pinien-, Walnuss- und die Cashewkerne werden geröstet, indem man sie in einer beschichteten Pfanne ohne Fettzugabe vorsichtig erhitzt, bis sie die gewünschte Farbe annehmen. Dabei gelegentlich umrühren.

Mit einem scharfen Filetiermesser das obere und untere Ende der Limette abschneiden, sodass man diese gut mit der Unterseite auf einer Schneidunterlage platzieren kann. Dann seitlich die Schale einschließlich aller weißen Anteile vollständig entfernen. Anschließend mit dem Filetiermesser entlang der Trennhäute das Fruchtfleisch vorsichtig herauslösen und beiseitelegen. Den austretenden Fruchtsaft auffangen und weiterverwenden.

Pasta alla Genovese

Für das Pesto

Die Pinien-, die Walnuss- und die Cashewkerne ohne Fett in einer beschichteten Pfanne oder im Ofen hellbraun rösten.

Das Basilikum, die Petersilie, den Knoblauch und die Chili mit dem Pflanzenöl in einem Standmixer pürieren. Mit Salz und Pfeffer abschmecken und mit dem Olivenöl auffüllen. Die abgekühlten Nüsse und Kerne, sowie beide Käsesorten nochmals grob untermixen.

Für die Nudeln

Die Kartoffeln schälen und in Würfel mit ca. 0,5 cm Kantenlänge schneiden.

Die grünen Bohnen waschen und putzen (Spitzen und Enden abschneiden).

3 l Wasser mit 30 g Salz zum Kochen bringen und die Nudeln zusammen mit den Bohnen und den Kartoffelwürfeln hineingeben. Etwa 8 – 12 Minuten kochen, sodass die Nudeln noch einen guten Biss haben, und dann abgießen. Dabei ca. 60 ml Kochwasser auffangen und beiseitestellen.

Das aufgefangene Kochwasser sofort in eine vorgewärmte Servierschüssel oder den Nudeltopf geben und die Butter einrühren.

Die Nudeln mit den Kartoffeln und den Bohnen zugeben und mit dem Pesto gut vermischen.

Zum Anrichten

Alles zusammen in einer vorgewärmten Schüssel servieren.

Tipps

Pesto kannst Du gut im Kühlschrank aufheben, wenn Du es in ein Glas füllst und mit etwas Olivenöl abdeckst.

Verfeinern kannst Du dieses Gericht, indem Du in Olivenöl kross gebratene Kartoffelwürfel zum Servieren darüberstreust.

Für das Pesto

2 EL Pinienkerne
2 EL Walnusskerne
2 EL Cashewkerne
100 g Basilikumblätter
50 g glatte Petersilienblätter
1 Knoblauchzehe, geschält
1 kleine, getrocknete Chilischote
ca. 70 ml neutrales Pflanzenöl
Salz
frisch gemahlener weißer Pfeffer
100 ml mildes Olivenöl, z. B.
    Mosto Oro aus Ligurien
2 EL Parmesan, frisch gerieben
2 EL Pecorino, frisch gerieben

Für die Nudeln

100 g Kartoffeln, festkochend
    (z. B. Ditta)
300 g Trofie oder andere kurze
    Nudeln (z. B. Maccheroncini)
100 g grüne Bohnen
Salz
2 EL Butter

2 *Personen*

30 *Minuten*

Spaghettisalat mit Kichererbsen

2 Personen

ca. **45** Minuten

2 EL Olivenöl

2 rote Paprikaschoten, entkernt und in Stücke geschnitten

2 Schalotten, geschält und grob geschnitten

2 Knoblauchzehen, geschält

Salz

frisch gemahlener schwarzer Pfeffer

250 ml Gemüsebrühe

250 g Gemüse zum Braten (z.B. Zucchini, rote Paprika, Auberginen, Fenchel etc.)

2 EL kalt gepresstes Olivenöl

frisch gemahlene, getrocknete Chilischote

Kristallzucker

weißer Balsamico-Essig

80 g gekochte Kichererbsen oder Kichererbsen aus der Dose

250 g Spaghetti, vom Vortag

50 g Rucola, geputzt und gewaschen

Die Hälfte des Olivenöls in einer Pfanne erhitzen. Die Paprikastücke, die Schalotten und den Knoblauch darin anschwitzen. Mit Salz und Pfeffer würzen und mit der Brühe auffüllen. Die Paprikastücke in 15-20 Minuten weich kochen und anschließend in einem Standmixer pürieren. Die Konsistenz soll die einer etwas zu dicken Suppe sein. Den Paprikafond auskühlen lassen.

Die Gemüsesorten in dünne Scheiben schneiden und entweder grillen oder in einer beschichteten Pfanne mit 2 EL Olivenöl braten. Das Gemüse mit Salz abschmecken.

Aus 3 kleinen Suppenkellen Paprikafond und dem kalt gepressten Olivenöl mit Salz, einer Prise Zucker, Pfeffer, Balsamico und Chili eine Salatsauce rühren.

Die Kichererbsen gut abtropfen lassen und in einer beschichteten Pfanne rösten.

Zum Anrichten

Die Spaghetti mit der Salatsauce marinieren, mit dem Gemüse und dem Rucola mischen und anrichten. Die Kichererbsen darüberstreuen. Nach Belieben noch etwas Paprikamarinade separat dazu servieren.

Spaghetti alla Carbonara

Die Spaghetti in reichlich Salzwasser entsprechend der Packungs-anweisung zubereiten, dabei nicht ganz al dente kochen und ab-gießen.

Währenddessen die Pancetta in Streifen schneiden und in einer heißen Pfanne im Pflanzenöl knusprig braten. Die Pancettastreifen in ein Sieb gießen und das Fett gut abtropfen lassen.

Die Eier mit der Milch verrühren und mit Muskat, schwarzem Pfeffer und je nach Salzgehalt des Schinkens mit wenig Salz abschmecken. Die Pancettastreifen untermengen. Die Hälfte des Käses in die Sauce rühren und die kochend heißen Spaghetti unterheben. Die Petersilie zugeben und beim Anrichten mit viel schwarzem Pfeffer und dem restlichen Käse bestreuen.

Tipp

Der Schinken darf nicht zu salzig sein. Das Nudelwasser sollte reichlich bemessen (1 l Wasser / 100 g Nudeln) und ausreichend gesalzen sein (10 g Salz / 1 l Wasser).

250 g Spaghetti
Salz
50 g Pancetta (nicht geräucher-
    ter durchwachsener Speck
    aus Italien), in Scheiben
1 EL neutrales Pflanzenöl
2 Eier, verquirlt
50 ml Vollmilch
frisch gemahlener schwarzer
    Pfeffer
frisch geriebene Muskatnuss
20 g Parmesan, gerieben
20 g Pecorino, gerieben
2 EL glatte Petersilie,
    fein geschnitten

2
Personen

20
Minuten

Kalbsbrust mit Senfkruste und Schmorgurke

2
Personen

20
Minuten

Für das Fleisch
200-300 g gekochte
    Kalbsbrust, vom Vortag
Salz
frisch gemahlener schwarzer
    Pfeffer
4 EL Butter
50 g Senf (z.B. körniger Dijon-
    Senf)
50 g Maisstärke
2 EL Sonnenblumenöl

Für die Schmorgurken
1 EL Butter
1 kleine Zwiebel, fein gewürfelt
500 g Gärtnergurken, geschält,
    halbiert, entkernt, in Streifen
    geschnitten
2 EL weißer Balsamico-Essig
Salz
100 ml Geflügelbrühe
3 EL Schmand
1 EL Speisestärke
frisch gemahlener weißer Pfeffer
1 kleiner Bund Dill

Zum Anrichten
1 EL grobkörniger Senf

Für das Fleisch
Das Fleisch in Scheiben schneiden und mit Salz und Pfeffer würzen. Die Hälfte der Butter in einer Pfanne erhitzen, bis sie leicht gebräunt ist. Die Fleischscheiben einlegen und bei mäßiger Hitze rundherum goldbraun anbraten. Die Fleischscheiben aus der Pfanne heben und die Oberfläche trocken tupfen.
Den Senf mit der Maisstärke zu einer glatten Paste verrühren und dünn auf die Fleischscheiben streichen.
Das Sonnenblumenöl und die restliche Butter in einer Pfanne erhitzen. Das Fleisch mit der bestrichenen Seite vorsichtig in das Fett gleiten lassen und goldbraun ausbacken. Anschließend auf Küchenpapier abtropfen lassen.

Für die Schmorgurken
Die Butter in einem Topf erhitzen und die Zwiebelwürfel darin anschwitzen. Die Gurkenstreifen zugeben und mit dem Essig ablöschen. Salzen und 2-3 Minuten im eigenen Saft dünsten, dann die Brühe angießen, leicht einkochen lassen und den Schmand zugeben. Eventuell mit etwas, in kaltem Wasser angerührter, Speisestärke binden und mit weißem Pfeffer, sowie dem fein geschnittenen Dill abschmecken.

Zum Anrichten
Die Fleischscheiben auf den vorgewärmten Tellern anrichten. Die Schmorgurken rund herum verteilen. Zum Schluss einen Teelöffel Senf neben das Fleisch setzen.

Tipps
Wer die Gurken noch etwas knackig mag, nimmt sie zwischendurch heraus und kocht die Sauce separat ein.

Die Kalbsbrust kann auch mit Mehl, Ei und Semmelbrösel paniert werden oder in einem Bierteig ausgebacken werden.

Ich koche heute Pasta

Bei den Hauptgerichten hier bei Quick & Easy mag es aufgefallen sein. Ich liebe Pasta! Aber um eines ganz klar zu definieren: Ich spreche hier nicht von Nudeln, sondern von Pasta. Meine Leidenschaft dafür kommt aus meiner Zeit im italienischen Edelrestaurant »Rino Casati«. Aber sie kommt auch daher, dass ich Pasta – in allen Variationen – liebe. Bei »Rino Casati« haben wir natürlich alles selbst gemacht. Das muss zu Hause nicht sein. Fangen wir also erst einmal mit den getrockneten Nudeln an.

Getrocknete Nudeln

In keiner Vorratskammer sollten getrocknete Nudeln fehlen. Aber Ihr müsst sehr darauf achten, dass es wirklich gute Nudeln sind. Woran man gute Nudeln erkennt? Egal ob mit Mehl und Ei oder Hartweizengrieß und Wasser, gute Pasta wird bei der Produktion durch spezielle Bronzeformen gedrückt. Dadurch wird die Oberfläche der Pasta rauer und sie kann die Soße viel besser aufnehmen und bekommt dadurch einen intensiveren Geschmack.

Historischer Einschub

Die Legende, Marco Polo habe die Nudeln aus China mitgebracht stimmt nicht. Marco Polo kam erst 1295 aus China zurück. Es gibt aber schon Abbildungen von Nudelgeräten in etruskischen Gräbern und schriftliche Belege, dass einem italienischen Soldaten Anfang des 13. Jahrhunderts ein Korb Maccaroni ins Grab gelegt wurde. Die Italiener sehen daher die Region Kampanien (um Neapel herum) als Ursprungsland der Pasta. Pasta gibt es in über 300 Formen. Für welche Ihr Euch entscheidet, hängt ganz davon ab, welche Soße Ihr dazu servieren möchtet. Hier nur ein paar Beispiele: Spaghetti aglio e olio vermengen sich wirklich gut mit der Mischung aus Kochwasser, Olivenöl, Knoblauch und Chili. An Penne würde diese dünne Soße einfach herunterlaufen. Für Pasta all'amatriciana, ein Gericht mit Tomatensoße, finde ich persönlich Fusilli am besten, weil die Soße dann richtig in die Spiralen geht. Bigoli, eine sehr dicke Spaghetti-Art passt gut zu einer dicken Fleischsoße. Ein toskanisches Hasenragout wird traditionell mit Pappardelle, also breiten Bandnudeln, serviert. Und eine schlank gehaltene Käsesoße finde ich am allerbesten mit ganz feinen Capellini. Vielleicht eine Grundregel: dicke Soße geht besser zu eher grober Pasta, feine Soße zu dünnerer Pasta.

Pasta muss schwimmen

Bevor Du jede Pasta in einen Kochtopf wirfst, achte darauf, dass sie dort auch schwimmen kann. Für Pasta benötigt man den größten Topf aus dem Sortiment, zu Hause also den von mir empfohlenen Fünf-Liter-Topf. Es sei denn natürlich, man kocht 100 Gramm Pasta für sich alleine. Die Regel ist ganz leicht: ein Liter Wasser auf 100 Gramm Pasta.

Pasta-Wasser muss ausreichend gesalzen sein. Ich nehme mindestens zehn Gramm pro Liter Wasser. Manche empfehlen auch 16 Gramm, aber das ist dann schon reichlich gesalzen. Probiert doch einfach das gesalzene Nudelwasser vor dem Kochen. Das muss in etwa so schmecken, wie wenn man am Atlantik gerade von einer Welle überrannt worden ist. Dann ist es richtig und sorgt dafür, dass der reine Geschmack in der Pasta bleibt und nicht ins Wasser geht.

Salz macht's nicht schneller
Ich war selbst immer fest davon überzeugt, dass Nudelwasser deutlich schneller kocht, wenn man das Salz von Anfang an zugibt. Um meine felsenfeste Meinung zu untermauern habe ich gegoogelt, gestöbert und gefragt und es schließlich einfach ausprobiert. Heraus kam Folgendes: Salz im Wasser erhöht den natürlichen Siedepunkt des Wassers von 100 °C auf etwa 102 °C bis 108 °C, wobei für eine Erhöhung auf 108 °C schon ein Salz-zu-Wasserverhältnis von eins zu drei vorliegen müsste. Für unser Pasta-Wasser mit den zehn Gramm pro Liter wäre der Siedepunkt also etwa bei 102 °C. Das gesalzene Wasser würde diesen Punkt theoretisch also erst zwei Grad später erreichen, als das nicht gesalzene. Aber – gesalzenes Wasser speichert die Wärme besser. Bei der Erhitzung auf der Herdplatte kann es die durch die Platte zugeführte Wärme schneller umsetzen und braucht weniger Zeit, um auf den Siedepunkt zu kommen – auch wenn dieser durch das Salz zwei Grad höher ist. Verwirrend? Kein Problem, denn die Praxis zeigt: der Zeitunterschied ist wirklich gering: Es ist also ziemlich egal, wann Ihr das Salz ins Wasser gebt, solange es vor der Pasta reinkommt.

Wie vermeidet man das Verkleben der Nudeln?
Öl ins Pasta-Wasser zu geben, damit die Pasta nicht klebt, ist völliger Unsinn. Denn die Pasta sinkt ja zunächst auf den Grund des Topfes, während das Öl oben bleibt. Die Pasta vermischt sich also überhaupt

nicht mit dem Öl, wozu soll es dann gut sein? Es gibt einen viel besseren Trick um zu verhindern, dass sich einzelne Pastateile am Boden festkleben. Jede Pasta hat außen einen Stärkemantel, durch den sie bei Hitze ganz schnell am Boden festklebt. Wenn ich aber, schon bevor ich die Pasta in den Topf gebe, das Wasser mit meinem Holzlöffel ein bisschen in Bewegung bringe, bewegt sich die Pasta beim Einschütten erst einmal mit und sinkt nicht sofort auf den Boden. Mit dem Rühren macht man dann noch mindestens in der ersten Minute weiter. In dieser Zeit löst sich die Stärke der Pasta zumindest soweit auf, dass nichts mehr festklebt. Das ist wirklich wichtig. Denn einen Topf sauber zu machen, an dessen Boden sich auch nur vier, fünf Maccaroni fest geklebt haben, das ist eine große Freude! Beim Eingeben von Spaghetti muss man allerdings besonders sorgfältig sein. Wenn man sie in einem Bündel in den Topf kippt, dann kleben sie auch sofort aneinander fest. Am besten man streut sie ein bisschen und verteilt sie im Wasser. Genug Wasser ist in Eurem Fünf-Liter-Topf ja da!

Die Soße wartet auf die Pasta

Ein italienisches Sprichwort besagt: »Die Pasta darf nie auf die Soße warten, die Soße wartet auf die Pasta.« Dahinter steckt eine Regel, die beim Pasta-Kochen viel zu oft missachtet wird: Pasta ist dazu gedacht mit Soße serviert zu werden! Und zwar nicht neben der Soße, sondern mit der Soße vermengt, und das schon gegen Ende der Zubereitung. Wenn ich da manchmal Bilder von weißen Spaghetti-Knäueln sehe mit einem Klecks Bolognese drauf – furchtbar.

In der Praxis bedeutet das: Richte Dich bei Pasta nicht nach der Kochzeit, die auf der Packung steht – auch wenn dort eine extra Al-dente-Kochzeit angegeben ist. Diese Zeit bezieht sich auf eine Kochzeit, die fertige Pasta ergibt. Du willst deine Pasta aber noch in der Soße nachgaren lassen. Also nimmst Du sie zwei Minuten vor Ende der Kochzeit aus dem Wasser, schreckst sie bitte

nicht ab, und gibst sie dann in den Topf oder die Pfanne, in der die Soße wartet. Warum nicht abschrecken? Weil Du die der Pasta anhaftende Stärke nicht wegspülen möchtest, damit die Soße auch richtig schön aufgenommen werden kann.

Ein kleiner Trick, wenn Ihr Gäste habt, die genau dann, wenn Eure Pasta bereit ist, auf die Soße zu treffen, noch einmal den Raum verlassen müssen: Ein bisschen vom Kochwasser aufheben, die fünf Minuten warten, bis die Pasta dann doch in die Soße darf. Kurz vorher das noch heiße Kochwasser darübergießen, mit dem Köchlöffel ein bisschen lösen und lockern und dann erst in die Soße geben. Wenn die Pasta dann aber erst mal zwei Minuten in der Soße nachgezogen hat, sollten die Gäste auch mal wieder zurückkommen.

Pasta selbst gemacht – auch ohne Maschine

Eigentlich geht Pasta selber machen viel schneller als man glaubt und ist ein großer handwerklicher Spaß. Als meine Lebensgefährtin Kathinka das erste Mal für mich gekocht hat, hat sie mir unter anderem Hühnerherzenragout serviert. Und dazu hat sie Tagliatelle selbst gemacht. Das ging ruck zuck – mit der Nudelmaschine.

Hat man aber keine Nudelmaschine, dann macht man einen Nudelteig (100 g Doppel-Null-Mehl, ein Ei und nur so wenig Wasser bis ein geschmeidiger Teig entsteht) und lässt diesen etwa eine halbe Stunde ruhen. Dann reibt man auf der großen Reibe, auf der man normalerweise Gurken reibt, kleine Stückchen von dem Teig ab. So bekommt man eine Urform der Pasta. Mann kann sie wie Spätzle direkt ins Wasser oder zuerst auf ein mit Doppel-Null-Mehl bedecktes Blech reiben, und dann alle geriebenen Teile gleichzeitig ins Wasser geben. – Natürlich kann man auch versuchen, den Pastateig mit dem Nudelholz ganz dünn zu walzen und anschließend in Streifen zu schneiden. Aber ehrlich gesagt, so bekommt man den Teig selten richtig dünn hin.

Desserts

Bananen kross oder
neulich beim Chinesen

Die Bananen schälen und in mundgerechte Stücke schneiden.
Das Ei verquirlen, das Mehl hinzufügen und beides zu einem glatten Teig verrühren.
Das Öl in einer Fritteuse oder einem weiten Topf erhitzen. Die Bananenstücke in den Teig tauchen, etwas abtropfen lassen und goldbraun frittieren. Herausnehmen, auf Küchenpapier abtropfen lassen und warm stellen.
Wenn alle Bananen fertig frittiert sind, das Öl bis auf einen kleinen Rest abgießen. Den Zucker und 1 EL Wasser zugeben und bei mittlerer Hitze rühren bis der Zucker karamellisiert. Die heißen Bananenstücke unterrühren bis sie mit der Glasur bedeckt sind.

Zum Anrichten
Die Bananenstücke auf kleine Holzspieße stecken und auf einem Teller anrichten. Separat eine Schale mit Eiswasser dazu reichen. Vor dem Essen die einzelnen Bananenbällchen kurz in das eiskalte Wasser tauchen.

2 Bananen
1 Ei
2 EL Mehl, Type 405
neutrales Pflanzenöl zum
   Frittieren
3 EL Kristallzucker

2
Personen

30
Minuten

Butterwaffeln
mit Ofenrhabarber

2
Personen

ca. **30**
Minuten

Für den Waffelteig
300 g Butter
400 g Kristallzucker
500 g Mehl, Type 405
1 TL Backpulver
8 Eier
Salz
Mark einer ausgekratzten
  Vanilleschote

Für die Füllung
200 g Rhabarber
200 g Kristallzucker
1 Vanilleschote,
  längs aufgeschlitzt
50 ml Orangensaft

Zusätzlich
2 EL geschlagene,
  gesüßte Sahne
Puderzucker zum Bestäuben

Für den Waffelteig
Die Zutaten für den Waffelteig zu einem glatten Teig verrühren und in einem leicht eingefetteten Waffeleisen backen. Vor dem Servieren mit Puderzucker bestäuben.

Für die Füllung
Den Rhabarber schälen und in mundgerechte Stücke schneiden. Den Zucker mit der Vanilleschote mixen. Auf einem Backblech oder einer Saftpfanne den Rhabarber verteilen, mit 8 EL vom Vanillezucker bestreuen und mit dem Orangensaft beträufeln. Für circa 10 Minuten in den auf 200 °C vorgeheizten Backofen (Ober-/Unterhitze) schieben. Der Rhabarber sollte noch etwas Biss haben.

Zum Anrichten
Die Waffeln mit 1 EL Sahne in einer Schale anrichten.
Den Rhabarber in einer separaten Schale dazureichen.

Tipps
Dieser einfache Waffelteig lässt sich noch verfeinern, indem man die Butter vor der Zubereitung in einem Topf bräunt und wieder abkühlen lässt. Die braune Butter verleiht den Waffeln einen nussigen Geschmack.

Um Klümpchen im Teig zu verhindern, vermengt man zuerst das Mehl mit den Eiern und fügt die übrigen Zutaten im Nachhinein hinzu.

Durch das Garen im Ofen verhindert man, dass der Rhabarber matschig wird. Und wenn man ein paar Himbeeren dazugibt, wird er schön rot.

Curryhimbeeren
mit Sesamsabayon

Für die Curryhimbeeren

Den Zucker in einem flachen Topf bei mittlerer Hitze unter Rühren karamellisieren. Die aufgetauten Himbeeren zugeben. Mit dem Rotwein und dem Himbeersaft ablöschen und dann das Currypulver einrühren. Anschließend den Campari zugeben, kurz aufkochen lassen und kalt stellen.

Für die Sabayon

Die Zutaten bis auf die geschlagene Sahne in eine ausreichend große Schüssel geben und mit einem Schneebesen leicht anschlagen. Über ein Wasserbad (das Wasser soll nicht kochen und der Boden der Schüssel darf nicht in das Wasser tauchen) stellen und etwa 4–5 Minuten kräftig schlagen, sodass die Masse an Volumen gewinnt und eine cremige Konsistenz bekommt. Anschließend die Schüssel vom Wasserbad nehmen, in Eiswasser stellen und 2 Minuten kalt weiter schlagen.

Zum Anrichten

Die Sabayon auf 2 Dessertschalen verteilen. Die erkalteten Curryhimbeeren in der Sabayon anrichten und die frischen Himbeeren daraufsetzen.

2 Personen

30 Minuten

Für die Curryhimbeeren
50 g Kristallzucker
250 g Himbeeren, TK-Ware, aufgetaut
2 EL trockener Rotwein
20 ml Himbeersaft
1 EL Purple Curry (Currymischung von Ingo Holland)
2 EL Campari
200 g frische Himbeeren, geputzt

Für die Sabayon
3 Eigelb
50 g brauner Zucker
150 ml Maracujasaft
1 Prise Salz
1 EL Sesampaste (Reformhaus)
100 ml geschlagene Sahne

Pfirsich mit Thymian, Eis und eine süße Faustregel

Ich muss zugeben, obwohl ich auch schon als Patissier gearbeitet habe, esse ich selbst gar nicht so gerne Dessert. Was ich aber wirklich liebe, ist Obst auf ungewöhnliche Art, zum Beispiel mit Kräutern beziehungsweise Gewürzen kombiniert. Es gibt zu jedem Obst ein Kraut, das besonders gut passt. Ins Buch habe ich dazu beispielsweise eben gerade die Curryhimbeeren auf Seite 87 aufgenommen.

Gerade bei diesen Kombinationen könnt Ihr Euch einfach einmal ausprobieren. Nehmt Euer Lieblingsobst, einen Bissen davon und dann zuerst mit ein bisschen Basilikum probieren, dann mit einem Blättchen Minze usw. Wie schon öfter erwähnt: Kochen ist Probieren. Und die Kombination Obst – Gewürz ist auch nichts absolut Neues. Erdbeere und Minze sind schließlich schon Klassiker. Aber auch Orange mit Basilikum funktioniert wunderbar, oder Pfirsich mit Thymian, Apfel mit Majoran, Kirsche mit Rosmarin, Zwetschge mit Estragon und so weiter.

Oder macht ein Obstragout und gebt zum Schluss ein wenig Olivenöl dazu. Schmeckt auch sehr, sehr gut.

Eis ohne Eismaschine

Ganz ohne Maschine – mal vom Kühlschrank abgesehen – kann man ein sehr schönes Granité machen. Dafür braucht man nur gesüßtes Obstpüree, gibt ein bisschen aufgelöste Gelatine hinein, das Ganze in eine flache Form und ab in den Tiefkühler. Dann kratzt Du alle halbe Stunde mit dem Löffel die oberste Schicht ab – einfach lecker.

Oder es soll ein Sorbet werden. Dann rührt Ihr das Püree mit der Gelatine im Tiefkühler alle halbe Stunde mit dem Schneebesen von Hand gut um, bis die gewünschte Konsistenz entstanden ist. Durch die Gelatine kristallisiert das Sorbet nicht komplett und bleibt so ein bisschen geschmeidig. Außerdem wird es dadurch haltbarer.

Aber auch für normales, ganz schnelles Speiseeis benötigst Du keine Eismaschine. Allerdings eine kleine Küchenmaschine – und tiefgefrorene Früchte, Puderzucker und Joghurt, Sahne, Schmand oder auch Kokosmilch. Das prinzipielle Rezept findest Du im Kapitel »Grundrezepte« auf Seite 189. Du mixt alle Zutaten gut durch, aber nur ganz kurz. Denn durch die Wärme des Joghurts und durch das Mixen werden die Früchte aufgetaut.

Gleichzeitig bleibt durch die Kälte der Früchte die Masse so kalt, dass man den Eindruck hat, man habe ein ganz schnelles Speiseeis erhalten.

Ich habe dieses Rezept mal vor der Kamera ausprobiert, wir haben es damals »Eins-Zwei-Drei-Eis« genannt. Ich hatte gerade alles in die Küchenmaschine gegeben, dachte dann: »Jetzt mix' ich mal, und dann sehe ich schon, wie viele Früchte oder wie viel Joghurt ich noch dazu geben muss, um die richtige Konsistenz zu bekommen.« Ich habe also die Maschine nur ganz kurz laufen lassen, mache den Deckel auf und wollte eigentlich sagen: »So und jetzt machen wir noch das und das« – aber als ich reingeschaut habe, konnte ich nur noch sagen: »Fertig!« Das war eine Sache von 10 – 15 Sekunden.

Faustformeln für Teig

Ich gebe Euch in diesem Buch viele Tipps. Beim Dessert reicht das aber nicht aus. Hier muss man sich meistens sehr genau an alle Angaben halten. Aber ein Thema finde ich immer faszinierend: Wie einfach es ist, dass aus Mehl, Ei, Butter und Milch irgendein Teig entsteht. Natürlich benötigt man da auch die Waage. Aber es begeistert mich, wie hier physikalische und chemische Kräfte wirken. Nun könnte man zum Thema Teig ganze Bücher schreiben, die es aber auch schon gibt. Ich möchte hier nur zwei Teige aufnehmen, weil sie

so wunderbare Faustregeln haben – und weil Ihr den Mürbteig auch für das Rezept der Fruchttarte auf Seite 179 braucht.

Mürbteig 1-2-3 und vielleicht 1plus

Das Rezept dazu findet Ihr ebenfalls im Kapitel der Grundrezepte.
Ganz wichtig: Der Mürbteig mag vor dem Backen keine Wärme. Daher sollte die Arbeitsfläche möglichst kühl sein, ebenso Eure Hände. Und der Teig möchte nicht lange geknetet werden. Kleiner Trick: Schüttet das Mehl auf Eure Arbeitsplatte, dann den Zucker, die Butter in Stückchen darauf und zuletzt, wenn Ihr wollt, noch ein Ei. Das ist aber nicht unbedingt notwendig. Dann alles mit einem großen Messer zerhacken. Danach erst die entstandenen Brösel kurz durchkneten bis ein fester Teig entsteht. Den zu einer Kugel rollen, in Klarsichtfolie wickeln und mindestens eine halbe Stunde im Kühlschrank ruhen lassen.
Mürbteig ist besonders gut geeignet für viele Plätzchen, wie zum Beispiel Vanillekipferl, aber auch Tortenböden wie eben auch den Boden für die Tarte auf Seite 179.

Rührteig 1-1-1-1 (plus ein Teelöffel Backpulver)

Zwar haben wir in dieses Buch kein Rührteig-Rezept aufgenommen, aber das Grundrezept ist so einfach, weil es eben eine meiner geliebten Faustregeln gibt – und dann könnt Ihr Euch selbst auch an unzähligen Variationen austoben.

Die Formel: Man nehme immer gleich viel Butter, wie Eier, wie Zucker, wie Mehl, also 1-1-1-1. Für einen Kuchen in der großen Guglhupf- oder der normalen Kastenform braucht man also 300 g Butter, 300 g Eier (das sind ca. vier bis fünf Stück

mittelgroße), 300 g Zucker und 300 g Mehl. Hier müssen alle Zutaten Zimmertemperatur haben.

Die Zubereitung: Falsch machen kann man beim Rührteig eigentlich nichts, aber je nach der Reihenfolge der Zutaten-Zugabe entsteht ein unterschiedlich fester Teig:

Zunächst einmal trennt man die Eier in Eigelb und Eiweiß. Schlägt man dann aber Eigelb mit Zucker zuerst schaumig und gibt danach erst die Butter dazu, wird der Teig besonders luftig. Vermischt man erst Butter und Zucker und fügt dann das aufgeschlagene Eigelb hinzu, wird der Kuchen sehr feinporig. Vermischt man alle drei Zutaten gleichzeitig miteinander, wird der Teig sehr schwer und saftig. In allen Fällen kommt das Mehl (für die Sicherheitsfanatiker mit 1 TL Backpulver) erst nach den drei ersten Zutaten dazu, und ganz zum Schluss wird das Eiweiß zu Eischnee geschlagen und der Masse untergezogen.

Die Backzeit im auf 180 °C vorgeheizten Backofen liegt bei etwa 50 – 60 Minuten je nach Größe des Kuchens. Die Probe: Steckt ein langes Holzstäbchen in den Teig, und zieht es wieder heraus. Klebt noch Teig am Stäbchen, braucht er noch etwas mehr Zeit.

Die Variationen – und Experimente erlaubt!

Ein Klassiker des Rührkuchens ist der Marmorkuchen. Hier kommt bei einer Hälfte des fertigen Teigs einfach noch Kakaopulver, etwa drei Esslöffel, hinzu. Erst den hellen Teig in die Form gießen, dann den dunklen darüber. Beide mit einer vorsichtig kreisenden Gabel ein wenig vermischen. Backen, fertig.

Außerdem könnt Ihr in den Teig Rosinen geben, geriebene Haselnüsse oder kleine Stücke Bitterschokolade. Ein bisschen Rotwein (nicht mehr als 200 ml) kann den Kuchen auch sehr saftig machen, ebenso natürlich auch Orangensaft.

Und hier wird dann Backen fast schon zum Kochen: Man muss einfach mal etwas ausprobieren.

Übrigens. Rührteigkuchen schmecken am Tag nach dem Backen fast noch besser als frisch aus dem Ofen.

Slow
&Fine

Vor-speisen

Mich haben schon immer Geschichten rund ums Kochen interessiert: Mein Vater hatte so eine TimeLife-Buchreihe aus den 50er-Jahren »Die Küchen der Welt«. Eines meiner Lieblingsbücher ist aus der Küche der ländlichen Provence. Da gab es ein Bild, auf dem ein kleiner blonder, strubbeliger Junge ein Radieschenbrot isst, während die Eltern Wein trinken. Das war für mich der Inbegriff von Frankreich.

Mediterrane Spitzkohlsuppe
mit Anchovis und Tapenade

2 *Personen*

35 *Minuten*

Für die Suppe

Die Zwiebeln längs achteln. In einem großen Topf 2 EL Olivenöl erhitzen und die Zwiebeln und die Knoblauchzehe darin anschwitzen. Den Spitzkohl dazugeben, ebenfalls anschwitzen und mit Gemüsebrühe ablöschen. Mit wenig Meersalz würzen (Vorsicht, später werden noch Anchovis zugegeben.) und etwa 10 Minuten köcheln lassen. Währenddessen die gehäutete Paprika in grobe Stücke zupfen.
Die Anchovis, die Oliven, die gezupften Paprika, die Kirschtomaten und die Chilischoten in den Topf geben. Die Knoblauchzehe entnehmen und mit Balsamico abschmecken. Die Suppe 5 Minuten ziehen lassen und in tiefen Tellern anrichten.

Für die Tapenade

Die Oliven mit den Anchovis, dem Thymian, der fein abgeriebenen Zitronenschale und den Kapern in einem Standmixer pürieren. Dann das Olivenöl unter Rühren einlaufen lassen und glatt rühren. Zum Schluss mit Salz und Pfeffer abschmecken.

Zum Anrichten

Die Suppe in vorgewärmte tiefe Teller gießen. Die Tapenade darüberträufeln und grob gemahlenen Pfeffer über die Suppe geben.

Tipp

Paprikaschoten häuten:
Die Paprikaschoten halbieren und mit der Hautseite nach oben auf ein Backblech legen. Die Paprikaschoten im auf 250°C vorgeheizten Backofen (Umluft) 13 Minuten garen. Die Paprikaschoten aus dem Ofen nehmen, in einen Gefrierbeutel legen und verschlossen ruhen lassen. Nach ca. 30 Minuten lässt sich die Haut in großen Stücken abziehen.

Für die Suppe

2 mittelgroße Zwiebeln
1 Knoblauchzehe, mit Schale
2 EL Olivenöl
300 g Spitzkohl, die einzelnen
   Blätter in etwa 2-Euro-Stück
   große Stücke gezupft
750 ml Gemüsebrühe
Meersalz
1 rote Paprika, gehäutet
1 gelbe Paprika, gehäutet
3 Anchovis, mit Wasser abgewaschen und klein gehackt
2 EL schwarze Oliven, entsteint und halbiert
4 halbierte Kirschtomaten
½ Chilischote
weißer Balsamico-Essig

Für die Tapenade

200 g schwarze Oliven ohne
   Stein (alternativ Olivenpaste)
3 Anchovis
1 Zweig Thymian
1 Bio-Zitrone
50 g Kapern in Salzlake (über
   Nacht in Wasser entsalzen)
200 ml Olivenöl (z.B. Huile
   d'olive de la Vallée des
   Baux-de-Provence)
Salz
frisch gemahlener schwarzer
   Pfeffer

Enten-Garnelen-Bällchen
und chinesische Kristallbällchen

2
Personen

ca. **60**
Minuten
(zusätzlich
Einweichzeit
ca. 2 h)

Für die Enten-Garnelen-Bällchen

1 Brötchen, vom Vortag

100 ml Vollmilch

1 großes Entenbrustfilet

100 g rohe Garnelen

1 EL Olivenöl

Salz

frisch gemahlener schwarzer
    Pfeffer

Saft einer halben Zitrone

½ Bund glatte Petersilie,
    gewaschen

1 Knoblauchzehe, geschält

1 Stück Ingwer (ca. 2 cm),
    geschält

1 Eiweiß

1 TL Speisestärke

Salz

frisch gemahlener schwarzer
    Pfeffer

Garam Masala

2 EL neutrales Pflanzenöl zum
    Braten

1 EL Butter

Für die Enten-Garnelen-Bällchen

Das Brötchen in grobe Würfel schneiden, in einer Schale in der Milch einweichen und für 10 Minuten beiseitestellen.

Das Entenbrustfilet enthäuten und vom Fett befreien. Das Fleisch in grobe Stücke schneiden und durch einen Fleischwolf drehen bzw. sehr fein hacken.

Die Garnelen schälen, den Darm entfernen und waschen. In einer beschichteten Pfanne bei mittlerer Hitze das Olivenöl erhitzen, die Garnelen darin leicht anbraten und mit Salz, Pfeffer und wenig Zitronensaft würzen. Anschließend die Garnelen abkühlen lassen, in feine Würfel schneiden und unter das Entenhack mischen.

Die Petersilie, den Knoblauch und den Ingwer fein hacken und unter das Fleisch mischen.

In einer Tasse das Eiweiß mit der Speisestärke verrühren, das eingeweichte Brötchen gut ausdrücken und beides ebenfalls in die Masse einarbeiten. Zum Schluss mit Salz, Pfeffer und Garam Masala abschmecken und kleine Bällchen aus der Masse formen.

In einer beschichteten Pfanne auf mittlerer Hitze das Öl und die Butter erhitzen und die Bällchen darin sanft braten.

Für die chinesischen
Kristallbällchen
100 g Klebreis
4 getrocknete chinesische Pilze
6 Wasserkastanien
   (Knolle einer Wasserpflanze,
   im Asia-Laden erhältlich)
1 Bund Frühlingszwiebeln
500 g Hackfleisch vom Schwein
1 Ei
1 EL Sojasauce
1 ½ TL Salz
1 TL frisch geriebener Ingwer

Für den Ingwer-Spitzkohl
½ Spitzkohl
1 Zwiebel, fein gewürfelt
1 EL neutrales Pflanzenöl
150 ml Geflügelfond
1 Prise gemahlener Kümmel
1 Stück Ingwer (ca. 2 cm),
   geschält
1 EL flüssiger Honig
1 Spritzer Limettensaft
½ Bund glatte Petersilie

Für die Kristallbällchen

Den Reis für ca. 2 Stunden in Wasser einweichen. Die Pilze ca.
30 Minuten in Wasser einweichen und anschließend gut ausdrücken.
Die Pilze, die Wasserkastanien und die Frühlingszwiebeln fein hacken
und in eine Schüssel geben. Das Schweinefleisch, das Ei und die
Gewürze zugeben, gut vermischen und aus der Masse Kugeln mit
einem Durchmesser von etwa 4 cm (Tischtennisball) formen.
Den eingeweichten Klebreis in einem Sieb gut abtropfen lassen und
die Bällchen darin wälzen. Die Bällchen werden anschließend in
einem Dämpfkörbchen (Alternativ kann man auch über einen Topf
mit heißem Wasser ein Geschirrtuch spannen, die Bällchen in das
Tuch legen und den Topf anschließend gut verschließen.) 30 Minuten
gedämpft.

Für den Ingwer-Spitzkohl

Vom Spitzkohl den Strunk entfernen und den Rest in grobe Stücke
zupfen, waschen und in einem Sieb gut abtropfen lassen.
Die Zwiebelwürfel in einem weiten Topf in dem Öl anschwitzen.
Den Spitzkohl zugeben und dann 5–6 Minuten dünsten. Den Geflügelfond und den Kümmel zugeben und etwa 15 Minuten köcheln
lassen. Anschließend mit Salz und Pfeffer abschmecken. Den Ingwer
fein hacken und kurz vor Ende der Garzeit zugeben. Den Kohl
abkühlen lassen und mit Salz, Pfeffer, dem Honig und etwas Limettensaft abschmecken. Zum Schluss die fein geschnittene Petersilie
unterheben.

Zum Anrichten

Den Spitzkohl auf 2 vorgewärmte Teller verteilen und die Enten-
Garnelen-Bällchen und die Kristallbällchen darauf anrichten.

Krosse Kartoffelschalen
mit Kräuterquark

Für die Kartoffelschalen

Die Kartoffelschalen waschen, trocken tupfen und leicht mit Mehl bestäuben. Überschüssiges Mehl wieder abklopfen. Das Sonnenblumenöl auf ca. 180°C erhitzen und die Kartoffelschalen darin etwa 5 Minuten bei mäßiger Temperatur knusprig frittieren. Mit einer Schaumkelle die Kartoffelschalen aus dem Öl heben, auf Küchenpapier abtropfen lassen und salzen.

Für den Kräuterquark

In der Zwischenzeit den Quark mit Salz, Pfeffer, einer Prise Zucker, der abgeriebenen Schale und dem Saft einer Zitrone abschmecken. Die Kräuter waschen, die Blätter abzupfen, fein schneiden und unter den Quark rühren. Zum Schluss die geschlagene Sahne unterheben und mit den Kartoffelschalen servieren.

Zum Anrichten

Die frittierten Kartoffelschalen in einer kleinen Schale servieren. Den Quarkdip separat dazu reichen.

Tipps

Ist die Temperatur zu niedrig, saugt das Frittiergut Fett auf und liegt schwer im Magen. Ist die Temperatur hingegen zu hoch eingestellt, verbrennt es, bevor es gar ist.
Prüfe die richtige Temperatur, indem Du ein wenig Mehl in das Öl gibst. Sobald das Öl leicht brodelt und das Mehl in wenigen Sekunden braun wird, kannst Du mit dem Frittieren beginnen.
Oder tauche den Stiel eines Holzkochlöffels in das heiße Öl. Wenn sich Bläschen bilden, ist es heiß genug.
Knusprig werden die Schalen, sobald das Öl wenig bis gar nicht mehr brodelt, ein Indiz dafür, dass keine Feuchtigkeit in den Schalen zurückgeblieben ist.

2 Personen

10 Minuten

Für die Kartoffelschalen
200 g Kartoffelschalen
Mehl zum Bestäuben
Sonnenblumenöl zum Frittieren
Salz

Für den Kräuterquark
100 g Quark (30 % Fettgehalt)
Salz
frisch gemahlener schwarzer
    Pfeffer
Kristallzucker
1 Bio-Zitrone
2 Zweige Blattpetersilie
2 Zweige Dill
1 Zweig Minze
50 g geschlagene Sahne

Mozzarella
mit Avocado-Mango-Salsa

2
Personen

ca. **45** *Minuten*

1 reife Mango
1 reife Avocado
½ rote Zwiebel
1 Chilischote
2 EL Limettensaft
4 EL Olivenöl, extra vergine
Salz
ein Spritzer Tabascosauce
2 EL grüne Minze,
    fein geschnitten
300 g Mozzarella
Olivenöl
grobes Meersalz
frisch gemahlener schwarzer
    Pfeffer

Die Mango schälen, das Fruchtfleisch vom Kern lösen und in kleine Würfel schneiden. Die Avocado längs halbieren, den Kern herauslösen, das Fruchtfleisch mit einem Esslöffel aus der Schale heben und ebenfalls würfeln. Die Zwiebel schälen, in feine Würfel schneiden und zusammen mit den Mango- und Avocadowürfeln in eine Schüssel geben. Den Stielansatz der Chilischote entfernen, die Schote dann mit einem spitzen Messer längs aufschlitzen und entkernen. Anschließend längs in feine Streifen, diese dann in feine Würfel schneiden und ebenfalls in die Schüssel geben. Mit dem Limettensaft, dem Olivenöl, Salz und Tabasco marinieren und alles locker vermischen. Etwas durchziehen lassen und kurz vor dem Servieren die fein geschnittene Minze unterheben.
Den Mozzarella aus der Lake nehmen und sehr gut abtropfen lassen. Dazu am besten ein Sieb mit einem Passiertuch auslegen und den Mozzarella darauflegen. Anschließend die Kugel in ca. 50 g Stückchen zupfen (wichtig: zupfen, nicht schneiden).

Zum Anrichten
Jeweils drei Stücke Mozzarella lose auf einem Teller verteilen, mit Olivenöl beträufeln, mit Meersalz und schwarzem Pfeffer würzen. Daneben die Avocado-Mango-Salsa anrichten.

Tipp
Serviere hierzu etwas geröstetes Baguette und reibe dieses mit einer halbierten Tomate ein. Etwas Salz und Pfeffer darüberstreuen – Guten Appetit!

Mehr als Salz und Pfeffer

Wenn wir jetzt bei Slow & Fine ein bisschen mehr Gas geben, dann geht es natürlich auch um Gewürze und die Frage: Was gehört in eine Grundausstattung? Bei diesem Thema kann man sich natürlich eine ganze Sammlung der exotischsten Sorten anlegen. Außerdem hat jeder Koch und jede Köchin ganz eigene Vorlieben. Allerdings wird tatsächlich kein Gewürz wirklich besser, wenn man es länger aufhebt. Gewürze, die man also nicht regelmäßig benötigt, sollte man nicht auf Vorrat kaufen. Das gilt auch für die Versuchung durch tolle, bunte, wunderbar riechende und exotische Gewürze vom Markt im Urlaub.

Eine Regel ist mir bei Gewürzen ganz besonders wichtig: Kauft bitte keine gemahlenen Gewürze, sondern Körner oder Samen im Ganzen, die Ihr dann kurz vor der Verwendung in eine Gewürzmühle oder einen Mörser gebt und mahlt, beziehungsweise zerstoßt. Um eigene Gewürzmischungen zu kreieren, kann man auch verschiedene Gewürze in eine Mühle geben und diese frisch mahlen. Um sich Anregungen zu holen, kann man sich natürlich schon einmal interessante, ungewöhnliche Gewürzmischungen kaufen – wie zum Beispiel meine – und sich einfach davon inspirieren lassen.

Sorry für die Eigenwerbung. Ich garantiere aber, dass unsere Gewürzmischungen absolut frisch produziert sind und sich nicht lange halten – weil sie ganz schnell verbraucht werden.

Koljas Grundausstattung

Schwarzer Pfeffer

Am besten nehmt Ihr Telly Cherry Pfeffer. Das ist ein edler Spätlese-Pfeffer aus der indischen Provinz Thalassery. Spätlese heißt in diesem Fall, dass der Pfeffer ungeschält am Strauch reift. Das verleiht ihm auch seinen tollen intensiven, leicht nussigen Geschmack.

Muskat und die dazugehörige Reibe

Muskat ist eigentlich gar kein deutsches Gewürz, aber irgendwie haben wir es dazu gemacht. Bei meiner Großmutter zum Beispiel kamen schon immer braune Butter und Muskat ins Kartoffelpüree. Das ist für mich eine Kindheits-Duft-Erinnerung. Genauso wie die Muskatreibe, die an einem kleinen Nagel an der Tür im Küchenschrank meiner Mutter hing. Und zwar eine klassische Muskatreibe, in der man den Muskat auch aufbewahrt. Genau so eine braucht ihr auch. Und Muskat passt natürlich – außer zum Kartoffelpürree – zu sehr vielen, etwas exotischeren Gerichten.

Piment

Piment, auch Nelkenpfeffer genannt, schmeckt nach Pfeffer, Zimt, Muskat, ja eigentlich nach allem ein bisschen. Deswegen heißt es auf Englisch auch »All-Spice« und man kann es tatsächlich für alles Mögliche benutzen. Für mich gehört es unbedingt zur Rinderroulade und zum Rotkohl. Und gerade in der Weihnachtszeit zu allem Geschmorten.

Wacholder und Nelke

Diese beiden Gewürze gehören zur gleichen Geschmacksfamilie wie Muskat und Piment. Ich persönlich liebe den Geschmack von Wacholder in einer Soße. Ich liebe es sogar, auf eine ganze Wacholder-Beere zu beißen – auch wenn ich weiß, dass manche Leute gerade das furchtbar finden. Wie der Piment gehören Wacholder und Nelken für mich auf alle Fälle zu Rotkohl und Rinderrouladen dazu – schon wieder eine Kindheitserinnerung. Aber sie passen natürlich auch zu Fleisch- und insbesondere Wildgerichten im Herbst und Winter und sehr schön zu vielen asiatischen und orientalischen Gerichten. Und natürlich gehören sie in den Dessertbereich.

Kümmel

Viele vernachlässigen dieses tolle Gewürz, obwohl es beispielsweise in Süddeutschland zu zahlreichen deftigen Gerichten einfach dazugehört. Ganz klassisch zum Schweinebraten oder zum Krautsalat – oder beidem. Und das kommt nicht von ungefähr, denn Kümmel lindert Verdauungsbeschwerden. Man gibt den Kümmel zum Krautsalat, damit der besser verdaulich ist und den Krautsalat zum Schweinebraten, um wiederum den besser zu verdauen. Die Kombination ist also genau richtig. Zugegeben, man bereitet nicht ständig Schweinebraten zu, aber Kümmel passt auch zu Rote Bete. Oder man würzt eine Bulette mit Kümmel. Letzteres geht natürlich auch mit Kreuzkümmel.

Kreuzkümmel

Kreuzkümmel sieht zwar ähnlich aus wie Kümmel, die beiden haben aber botanisch nichts miteinan-

der zu tun. Das merkt man schon am Duft. Der Kreuzkümmel-Duft geht sofort in Richtung Orient. Probiert mal eine Lamm-Bulette mit Schafskäse zu füllen und mit Kreuzkümmel abzuschmecken, da seid Ihr dann sofort am Bosporus, im quirligen Istanbul.

Getrocknete Chilischoten

Als Kolumbus die Chili entdeckte, dachte er, er hätte den Pfefferstrauch gefunden, weil die Früchte so scharf waren. Heute ist Chilli eines der meist verwendeten Gewürze um Schärfe an ein Gericht zu bringen. Ob für Spaghetti aglio e olio in Italien, ungarische Paprika oder asiatischer Curry – wenn man ein Gericht ein bisschen pikant abschmecken möchte, braucht man Chili. Cayennepfeffer ist im Grunde nichts anderes als getrocknete und gemahlene Chilischote, und auch Paprika wird aus einer Chili-Art hergestellt.
Für die Vorratshaltung würde ich getrocknete Chilischoten im Ganzen nehmen, die halten ewig.

Senfkörner

Senfkörner im Ganzen sind ein wunderbares Gewürz. Man kann sie zum Beispiel rösten, in eine Gewürzmühle geben, oder als ganz interessantes, grob gemahlenes Gewürz entweder zum Würzen von Fleisch oder ganzem Fisch verwenden. Hier ist es wirklich wichtig, die Körner vor dem Mahlen zu rösten. Dann entwickeln sie einen ganz intensiven Geschmack.

Koriander

Koriander mag nicht jeder. Aber er kann vielen Gerichten eine ganz eigene Note geben. Ich denke da zum Beispiel an flache, breite Bohnen. Wenn man die in Butter anschwitzt, geröstete, ganze Korianderkörner dazugibt und ein bisschen Zitronenschale … Oder man nimmt ganz grob gestoßene Korianderkörner für einen Brotteig! Koriander ist vielleicht kein absolutes Basis-Gewürz. Aber es eignet sich bestens dazu, auch mal etwas Neues auszuprobieren.

Übrigens Kümmel, Kreuzkümmel, Koriander und Pfeffer entfalten ihr bestes Aroma und ihren besten Geschmack, wenn man sie vor dem mahlen oder mörsern kurz anröstet.

Haltbarkeit

Wenn Gewürze im Ganzen (Körner, Samen) getrocknet gelagert werden, können sie jahrelang halten. Aber vielleicht sollte man demnächst einmal daran gehen, die Gläschen, die noch mit einem D-Mark-Preis ausgezeichnet sind, zu entsorgen.

Brauner Zucker auch als Puderzucker

Brauner Zucker gehört natürlich in den Vorratsschrank. Er schmeckt ein bisschen runder als normaler weißer Zucker. Ich persönlich mag besonders den dunklen Muscovado-Zucker. Der hat so einen malzigen, tiefen, runden Geschmack. Da wird jeder Kaffee oder Espresso nochmal um einige Nuancen schokoladiger, schöner abgerundet. Man kann übrigens auch aus braunem Zucker Puderzucker machen – er ist dann eben nur hellbraun und nicht weiß. Ein kleiner Tipp: Gebt beim Pulverisieren in der Küchenmaschine eine Messerspitze Stärke dazu, dann klebt der Zucker nicht mehr am Rand fest. Denn schon das bisschen Stärke saugt die Feuchtigkeit, die durch die Hitze beim Pulverisieren entsteht, auf.

Von kaltem Öl und altem Essig

Öl und Essig – auch so ein Thema, mit dem sich mittlerweile ganze Regalreihen im Handel füllen. Beschränkt Euch auf die Sorten, die Ihr wirklich braucht. Denn auch Öle sind nicht unbegrenzt haltbar. Selbst wenn man sie an einem kühlen und möglichst dunklen Ort (es muss aber nicht der Kühlschrank sein), gut verschlossen aufbewahrt, können sich die im Öl enthaltenen ungesättigten Fettsäuren verändern, das Öl kann also ranzig werden. Die Haltbarkeit von Ölen ist unterschiedlich und liegt zwischen vier Monaten und einem Jahr. Einmal offen, werden kalt gepresste Öle schneller ranzig. Wenn man weiß, dass ein Öl schon älter ist, würde ich raten, es vor der Verwendung sicherheitshalber zu probieren. Ein Gericht, an das man ranziges Öl gibt, ist unwiderruflich verloren.

Welche Öle?

Ein neutrales Pflanzenöl sollte man immer zu Hause haben, beispielsweise um eine neutrale Mayonnaise zuzubereiten, die man dann noch abändern kann. Außerdem sollte man ein kalt gepresstes Olivenöl, ein kalt gepresstes Rapsöl und meinetwegen ein kalt gepresstes Sonnenblumenöl im Vorrat haben. Das wäre so meine

Grundausstattung. Dazu kann man sich noch eine kleine Menge Walnussöl und Haselnussöl zulegen.

Braten mit kalt gepresstem Olivenöl?

Auch so eine Frage, die mir oft gestellt wird: Kann ich denn mit kalt gepresstem Olivenöl braten? »Kalt gepresst« heißt bei Olivenöl, dass die Olivenmasse nicht über 420° C erhitzt wurde, um das Öl so schonend wie möglich aus der Frucht zu pressen. Natürlich kann ich damit und darin braten, und das Ergebnis schmeckt auch allemal besser als mit raffiniertem Olivenöl. Zwar wird durch das Braten bei Temperaturen von 140° C ein Teil der wertvollen Inhaltsstoffe des Olivenöls zerstört, aber dadurch wird es nicht gesundheitsschädlich. Man kann selbst Pommes frites in kalt gepresstem Olivenöl frittieren (bis 175° C). Das ist sogar grandios. Das Öl hat dann nicht mehr diesen typisch grasigen, aber immer noch einen tollen Geschmack. Allerdings ist es auch eine Kostenfrage, wenn ich Olivenöl zum Frittieren verwende. Das macht meiner Meinung nach nur bei kleinen Mengen Pommes Sinn, oder wenn man sich mit Freunden (so etwa zehn) einen schönen spanischen Abend macht, an dem man nach und nach Tapas im Öl frittiert.

Kein kalt gepresstes Öl sollte man allerdings lange über 180° C erhitzen. Dann können Acrylamide und andere Stoffe entstehen, die gesundheitsschädlich sein können.

Und was man auch nicht tun darf: Die 2-Minuten-Mayonnaise in diesem Buch darf man nicht mit kalt gepresstem Öl machen. Denn beim Pürieren würde es bitter werden.

Viel mehr als diese drei bis vier Ölsorten braucht man normalerweise nicht. Eine schöne Ergänzung können natürlich noch ein Haselnussöl, ein Walnussöl und ein Kürbiskernöl sein. Alle anderen möglichen Öle braucht man nur für ganz bestimmte Gerichte.

Essig

Auch hier ist die Auswahl riesig. Ich würde mich auf einen Weißweinessig (oder einen weißen Balsamico), einen Rotweinessig und ein Fläschchen alten Balsamico beschränken. Und damit meine ich ein Fläschchen richtig alten Balsamico Tradizionale, wie ich ihn auch zu Hause habe. Der Zusatz ist wichtig, um einen echten und mindestens zwölf Jahre alten Balsamico zu bekommen. Altersangaben auf den Flaschen sind allerdings seltsamerweise verboten. Am besten lasst Ihr Euch im Handel beraten. Natürlich ist der Tradizionale nicht ganz billig. Aber ich nehme ihn auch nur zum Ab- oder Nachschmecken. Er hat diesen typischen intensiven, süßlichen, eingekochten Geschmack. Normaler Balsamico ist meistens eher nur ein dunkler Essig mit seiner kräftigen Säure.

Verzichten würde ich auf aromatisierte Essige. Schließlich könnt Ihr Euch einen Himbeeressig im Zweifel aus zerdrückten Himbeeren und Rotweinessig mit ein wenig Zucker selber herstellen.

Dass Essig ewig haltbar ist, gehört übrigens ins Reich der Legenden. Zwar muss auf den Essigflaschen tatsächlich kein Haltbarkeitsdatum stehen, weil er normalerweise nicht vor dem Verzehr verdirbt. Wenn Essigflaschen aber größerer Wärme (z.B. am Küchenfenster) ausgesetzt sind, oder nicht gut verschlossen werden, können sie ihren Geruch und Geschmack verändern oder sogar einen Hefefilm auf der Oberfläche bilden.

Zwischen- gerichte

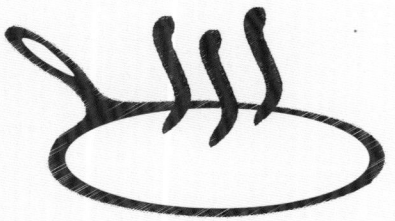

Im Restaurant werde ich weniger nach der Brat- kartoffel gefragt. Da kommen eher Dialoge wie: »Was war denn dieses Schwarze links?« »Die Se- sampaste!« »Nein, nein, das war so nussig.« »Das könnte die Sesampaste gewesen sein, die schmeckt auch nussig.« »Aber die hat gar nicht nach Sesam geschmeckt!« Und dann hole ich noch eine Probe und wir staunen gemeinsam über den nussigen Geschmack der Sesampaste.

109

Kleebergs Spezialbrot

Den Frischkäse mit einem Handrührgerät leicht schaumig aufschlagen. Mit Salz, Pfeffer, dem Paprikapulver, der abgeriebenen Zitronenschale und einem Spritzer Zitronensaft abschmecken.
Die Radieschen waschen, die feinen Blatttriebe abzupfen und beiseitestellen. Die groben Blätter abschneiden und die Radieschen in feine Scheiben hobeln. Die Gartenkresse mit einer Schere abschneiden. Die Brötchen halbieren.

Zum Anrichten
Das Brot und die Brötchenhälften mit dem Frischkäse bestreichen, mit reichlich Radieschenscheiben, den jungen Radieschentrieben und der Gartenkresse belegen. Anschließend jeweils eine Brotscheibe und eine Brötchenhälfte zusammenklappen.

Tipp
Scheue Dich nicht, die aromatischen jungen Blatttriebe der Radieschen zu verwenden, sie haben ein wunderbar frisches Aroma. Die größeren Blätter eignen sich, aufgrund ihrer groben Fasern, nur bedingt zum Rohverzehr.

100 g Frischkäse
Salz
frisch gemahlener schwarzer
    Pfeffer
edelsüßes Paprikapulver
1 Bio-Zitrone
1 Bund Radieschen mit Grün
1 Schälchen Gartenkresse
4 Scheiben Schwarzbrot in
    Kastenform
2 Mohnbrötchen

2
Personen

15
Minuten

Grobe Bratwurst mit Mandeln
und Salbei und Marzipan-Kürbis-Püree

2
Personen

ca. **45**
Minuten

Für das Kürbispüree
½ Hokkaido-Kürbis (ca. 500 g)
50 g Butter
1–2 Zweige Salbei
½ EL Marzipan
Salz
1 Prise brauner Rohrzucker
frisch gemahlener schwarzer
    Pfeffer
frisch geriebene Muskatnuss
1 Spritzer Limettensaft, frisch
    gepresst

Für die Bratwurst
1 EL Butter
2 ungebrühte grobe Bratwürste
4 EL geschälte, halbierte
    Mandeln
1 Zweig Salbei
frisch gemahlener schwarzer
    Pfeffer

Für das Kürbispüree
Den Kürbis in Spalten schneiden und dabei das Kerngehäuse entfernen. Die Spalten in eine ofenfeste Form geben und mit Butterflocken und den Salbeiblättern belegen. Die Form mit Alufolie bedecken und das Ganze in den auf 130 °C vorgeheizten Backofen (Ober-/Unterhitze) geben und ca. 25 Minuten garen, bis der Kürbis ganz weich ist.
Anschließend das Fruchtfleisch mit einem Löffel auskratzen und in einem Standmixer mit dem Marzipan glatt pürieren. Das Püree mit Salz, Rohrzucker, Pfeffer, Muskat und einem Spritzer Limettensaft abschmecken.

Für die Bratwurst
Die Butter in einer Pfanne aufschäumen lassen. Das Wurstbrät aus der Pelle drücken und dabei in kleinere Portionen zerteilen. Diese in der Butter anbraten. Die geschälten Mandeln und den Salbei zugeben und mit Pfeffer würzen.

Zum Anrichten
Mit einem Servierlöffel einen Klecks Kürbispüree auf den Teller geben. Die Löffelspitze in den Klecks stellen und das Püree zur Seite hin ausstreichen. Daneben die Bratwurstnocken mit den Mandeln und den Salbeiblättern anrichten.

Schwarzbrotcrumble mit Blutwurst, Spiegelei und gebackenen Zwiebeln

Für die gebackenen Zwiebeln

Die Zwiebeln in feine Streifen schneiden und leicht mit Mehl bestäuben. In einem weiten Topf reichlich Öl erhitzen bis sich an einem eingetauchten Holzstiel Blasen bilden. Die Zwiebelstreifen in das heiße Fett gleiten lassen (Vorsicht, es kann spritzen.) und goldbraun ausbacken. Mit einer Schaumkelle die Zwiebelstreifen aus dem Fett heben, sofort auf Küchenpapier abtropfen lassen und beiseitestellen.

Für den Schwarzbrotcrumble

Die Rinde der Brotscheiben abschneiden und das Innere in daumengroße Stücke zupfen. Diese auf einem Backblech verteilen, mit dem Rapsöl beträufeln und im auf 200 °C vorgeheizten Backofen (Ober-/Unterhitze) ca. 10 Minuten backen. Danach die Blutwurst aus der Haut lösen und in grobe Stücke brechen. Diese ebenfalls auf das Backblech setzen und zusammen weitere 5 Minuten backen. Noch auf dem Blech mit Pfeffer, Salz und fein gezupftem Majoran würzen.

Für das Spiegelei

Eine kalte Pfanne mit Butterschmalz leicht einfetten und salzen, damit sich das Salz besser verteilt. Die Eischale anschlagen und den Inhalt vorsichtig in die Pfanne gleiten lassen (eventuell unter Verwendung einer ringförmigen Spiegeleibratform). Nun erst die Herdplatte auf kleiner Stufe einschalten und die Eier mehr stocken lassen, als braten. Das Eiweiß leicht um das Eigelb herum salzen, dadurch gart das Eiweiß gleichmäßiger.

Zum Anrichten

Den Schwarzbrotcrumble zusammen mit dem Spiegelei anrichten, die gebackenen Zwiebeln über den Crumble streuen.

Tipp

Je frischer das Ei ist, desto kompakter bleibt das Eiweiß und fließt nicht an den Seiten auseinander.

---

2 Personen

45 Minuten

Für die gebackenen Zwiebeln
2 geschälte Zwiebeln
1 EL Mehl, Type 405
neutrales Pflanzenöl

Für den Schwarzbrotcrumble
200 g Schwarzbrot
1 EL Rapsöl, kalt gepresst
100 g feste Blutwurst
frisch gemahlener schwarzer Pfeffer
Salz
2 Zweige Majoran, Blättchen abgezupft

Für das Spiegelei
1 TL Butterschmalz
Salz
2 frische Bio-Eier

Zweierlei Calamaretti
mit kandierten Orangen und Tinte

2
Personen

ca. **45**
Minuten

Für den gerösteten
Knoblauch
5 Knoblauchzehen, geschält
neutrales Pflanzenöl
Salz

Für die Calamaretti
12 Calamaretti, küchenfertig
2 EL Mehl, Type 405
2 EL Olivenöl
1 Knoblauchzehe
1 Schalotte, geschält und
  halbiert
1¼ Fenchelknollen, geputzt
1 frisches Lorbeerblatt
100 ml trockener Weißwein
200 ml Fischfond
1 Tüte Sepiatinte
4–5 EL Olivenöl, extra vergine
Salz
frisch gemahlener schwarzer
  Pfeffer
Saft einer Limette
1 Prise Kristallzucker
50 g kandierte Orangenschalen,
  fein gehackt

Für den gerösteten Knoblauch

Die 5 Knoblauchzehen mit einem Trüffelhobel in feine Scheibchen hobeln und in einer beschichteten Pfanne bei mittlerer Hitze in reichlich Pflanzenöl goldbraun rösten. Die Knoblauchscheiben aus der Pfanne nehmen und auf Küchenpapier gut abtropfen lassen. Anschließend leicht salzen.

Für die Calamaretti

Die Fangarme der Calamaretti vom Kopf abschneiden, die Schnäbel entfernen und anschließend die Tuben in feine Ringe schneiden. Die Fangarme und die Ringe kalt abspülen und in einem Sieb beiseitestellen. Die gut abgetropften Fangarme mit wenig Mehl bestäuben und in Olivenöl anbraten. Den Knoblauch und die Schalotte zugeben. Die ¼ Fenchelknolle würfeln und zusammen mit dem Lorbeerblatt ebenfalls zugeben. Die Fangarme aus der Pfanne nehmen und beiseitestellen. Den Bratensatz mit dem Weißwein ablösen, reduzieren lassen und anschließend mit dem Fischfond auffüllen. Das Ganze aufkochen lassen. Dann die fein geschnittenen Calamaretti-Tuben zugeben, kurz aufkochen und durch ein Sieb abseihen, dabei den Fond auffangen. Nun die Sepiatinte in den aufgefangenen Fond einrühren und mit einem Pürierstab das Olivenöl einmixen, bis eine sämige Sauce entsteht. Mit Salz, Pfeffer und dem Limettensaft abschmecken. Die restliche Fenchelknolle in feine Scheiben hobeln und mit Salz, Pfeffer, Zucker, dem Limettensaft und 1–2 EL Olivenöl marinieren. Zusammen mit den überbrühten Calamaretti-Tuben und den kandierten Orangenschalen in einer Schüssel vermengen.

Zum Anrichten

Die schwarze Sauce mit einem Pinsel als breiten Streifen auf den Teller auftragen. Die marinierten Calamaretti mit dem Fenchel und den kandierten Orangen darüber anrichten. Die gebratenen Fangarme dazwischen setzen. Die gerösteten Knoblauchscheiben darüberstreuen.

Roter Paprikarisotto
mit sautierten Schluppen

2 Paprikaschoten mit der erhitzten Geflügelbrühe in einem Stand-mixer pürieren. Es sollen ca. 300 ml Paprikafond entstehen. Die restliche Paprikaschote fein würfeln.
2 EL Olivenöl in einem ofenfesten Topf erhitzen und die Schalot-tenwürfel darin anschwitzen. Anschließend die Paprikawürfel mit anschwitzen, den Risottoreis zufügen und glasig werden lassen. Dann mit dem Weißwein ablöschen. Anschließend den warmen Paprikafond zugeben, kurz aufkochen lassen und alles zusammen abgedeckt für 20 Minuten in den auf 150 °C vorgeheizten Backofen (Umluft) stellen.
Anschließend die Butterwürfel und den geriebenen Parmesan unterrühren und mit Salz und Pfeffer abschmecken.
In der Zwischenzeit die Frühlingszwiebeln im restlichen Olivenöl anbraten, nach 5 Minuten mit Salz, Zucker und Pfeffer würzen.

Zum Anrichten
Den Risotto in vorgewärmten, tiefen Tellern anrichten. Die Frühlings-zwiebeln darauflegen und gehobelten Parmesan und schwarzen Pfeffer darübergeben.

Tipp
Den Parmesan entweder auf der Aufschnittmaschine hobeln – aber Vorsicht, damit Du dich nicht schneidest. Oder Du benutzst einen Trüffelhobel mit glatter Schneide. Den kannst Du auch wunderbar zum Hobeln von Radieschen oder Gurken benutzen. Oder natürlich zum Hobeln von Trüffeln.

2 – 3 rote Antipasti-Paprika-
    schoten, in Öl eingelegt
250 ml Geflügelbrühe
3 EL Olivenöl
1 Schalotte, geschält und fein
    gewürfelt
150 g Risottoreis
    (z. B. Arborio oder Carnaroli)
50 ml trockener Weißwein
1 EL Butter, gewürfelt
1 EL Parmesan, gerieben
Salz
frisch gemahlener schwarzer
    Pfeffer
6 Frühlingszwiebeln
    (Schluppen), geputzt
    und in 5 cm lange Stücke
    geschnitten
1 Prise Kristallzucker
20 g Parmesan, gehobelt

2
Personen

45
Minuten

Schüsselpizza

2
Personen

ca. 25
Minuten

Für den Teig

2 Eier
100 g Mehl Type 405
100 ml flüssige Sahne
Salz
frisch gemahlener schwarzer
  Pfeffer

Für den Belag

½ Zucchini, in feine Streifen
  geschnitten
4 Garnelen, geschält und ohne
  Darm
3 Kirschtomaten
1 Scheibe durchwachsener
  Bauchspeck, gewürfelt und
  angebraten
1 EL geschmorte rote Paprika,
  gezupft
1 EL geschmorte gelbe Paprika,
  gezupft
1 EL schwarze Oliven, entkernt
  und halbiert
½ rote Zwiebel
2 Zweige Thymian, fein gehackt
2 Zweige Minze, fein gehackt

Alle Zutaten für den Teig in eine Schüssel geben und mit einem Holzkochlöffel kräftig durchrühren. Ein Backblech mit Backpapier auslegen und den Teig als Fladen darauf verteilen. Im auf 200 °C vorgeheizten Backofen (Ober-/Unterhitze) in circa 20 Minuten goldbraun backen und servieren.

Tipp

Für den Belag kann alles verwendet werden, was gerade im Kühlschrank ist. Man benötigt ca. 300 g Gemüse, Fleisch und/oder Garnelen.

Hackfleisch – so wird es lecker

In den folgenden Hauptgerichten geht es viel um Fleisch – mal am Stück, aber eben auch als Hackfleisch. Auf der Grundlage eines Hackfleisch-Teigs kann man viele, sehr unterschiedliche Gerichte machen. Und trotzdem gehört er zu meinen ganz einfachen Faustregel-Rezepten, diesmal fünfmal die Eins: Ein Pfund Hackfleisch (egal ob Rind, Schwein oder Gemisch, es funktioniert sogar bei Fisch), ein Brötchen, ein Becher Milch, eine Zwiebel, ein Ei. Das schöne ist: diese 5x1-Faustregel funktioniert bei den unterschiedlichsten Rezepten. Hier im Buch zum Beispiel – außer bei den Hackfleischspießchen – bei den Königsberger Klopsen genauso wie bei der geschmorten Bulette oder bei der Kohlroulade. Dann kommt es nur noch auf die Würzung oder die Beilagen oder die Soße an. Aber die Grundlage bleibt immer die Gleiche.

Ich höre schon, wie der eine oder andere meint: »Muss da wirklich ein ganzes Brötchen rein? Das schmeckt doch viel besser nur mit Fleisch!« Stimmt nicht. Ohne Brötchen wird es total trocken. Nur Fleisch funktioniert zwar beim Patty im Burger, weil der vom Ketchup und anderem »befeuchtet« wird. Oder bei den Hackfleischspießchen, denn auch da kommt noch genug Soße dazu. Sonst gilt: Mit Brot bleibt das Fleisch saftiger.

Warum eigentlich? Wenn ich kein Brot verwende, tritt Eiweiß aus dem Fleisch und bindet das Hack zwar beim Gerinnen, gleichzeitig tritt aber auch die Feuchtigkeit aus dem Fleisch einfach aus. Das Brot fängt diese auf. Allerdings nur, wenn es vor dem Untermischen in Milch eingelegt wurde. So garantierst Du, dass die Masse feucht bleibt. Würde man trockenes Brot verwenden, zieht sich das Brot die Feuchtigkeit aus dem Fleisch und der Teig bleibt relativ trocken. Das Eiweiß im außerdem zugegebenen Ei sorgt dann dafür, dass Brot und Fleisch zusätzlich gebunden werden. So gelingt der Hackfleisch-Teig saftig und fällt nicht auseinander. Sollte er trotzdem zu locker sein, kann man noch ein Ei untermischen. Ungemein hilfreich ist es auch, den Teig wirklich gut durchzukneten. Das schließt das fleischeigene Eiweiß noch stärker auf und unterstützt damit die Verbindung.

Übrigens, genau dieses fleischeigene Eiweiß ist auch dafür verantwortlich, dass sich bei einer Soße auf Hackfleischbasis, wie zum Beispiel der Bolognese, manchmal Fleischklümpchen bilden. Das Fleisch verklebt durch sein eigenes Eiweiß. Für eine Soßengrundlage muss man das Hackfleisch daher wirklich lange braten lassen und es auch immer wieder zerdrücken, damit es in Brösel zerfällt. So entstehen natürlich etwas trockene Fleischbrösel. Durch die anderen Soßenzugaben, wie die Tomaten, kommt aber wieder ausreichend Feuchtigkeit dazu.

Haupt-gerichte

125

Geschmorte Boulette
mit Sofrito

2
Personen

45
Minuten

Für den Sofrito

Die Paprika- und die Chilischoten und die Zwiebeln grob hacken. Diese und die restlichen Zutaten in einer Küchenmaschine mixen. In einer ofenfesten Pfanne das Olivenöl erhitzen, das Püree zugeben, kurz aufkochen und anschließend unter gelegentlichem Umrühren für ca. 30 Minuten weiterköcheln lassen, bis eine dicke Sauce entstanden ist.

Für die Boulette

Das Brötchen in grobe Würfel schneiden, in einer Schale in der Milch einweichen und für 10 Minuten beiseitestellen.
Das Hackfleisch, das ausgedrückte Brötchen, die Zwiebelwürfel und das Ei verkneten, mit Salz und Pfeffer abschmecken. Beim Formen der 2 Bouletten je eine Scheibe Ziegenkäse in die Mitte legen und von allen Seiten mit Hackfleischteig umgeben. In einer weiteren Pfanne das Öl erhitzen und die Bouletten kurz anbraten. Die Bouletten dann in die Pfanne mit dem bereits eingedickten Sofrito setzen und im auf 200 °C vorgeheizten Backofen (Ober-/Unterhitze) ca. 10 Minuten fertig schmoren.

Zum Anrichten

Die Bouletten aus der Sauce heben und auf 2 vorgewärmten, tiefen Tellern anrichten. Den Sofrito darüberlöffeln.

Tipp

Als Beilage empfiehlt sich ein Weißbrot.

Für den Sofrito

1 rote Paprikaschote
1 gelbe Paprikaschote
2 Chilischoten
2 Zwiebeln
ca. 500 g Tomaten, geschält und abgetropft (Konserve)
3 Knoblauchzehen
1 Bund Koriander
Salz
frisch gemahlener schwarzer Pfeffer
100 ml Olivenöl

Für die Boulette

1 Brötchen, vom Vortag
100 ml Vollmilch
500 g Hackfleisch (je zur Hälfte Rind- und Schweinefleisch)
1 Zwiebel, gewürfelt und angeschwitzt
1 Ei
Salz
frisch gemahlener schwarzer Pfeffer
2 Scheiben Ziegenkäse (z. B. Sainte-Maure)
2 EL neutrales Pflanzenöl

Königsberger Klopse vom Kalb mit
Rote Bete, Orangenmarmelade und Dill

2
Personen

ca. **45** Minuten
(+15 Quell-zeit)

1 reife Mango
1 reife Avocado
½ rote Zwiebel
1 Chilischote
2 EL Limettensaft
4 EL Olivenöl, extra vergine
Salz
ein Spritzer Tabascosauce
2 EL grüne Minze,
    fein geschnitten
300 g Mozzarella
Olivenöl
grobes Meersalz
frisch gemahlener schwarzer
    Pfeffer

Die Mango schälen, das Fruchtfleisch vom Kern lösen und in kleine Würfel schneiden. Die Avocado längs halbieren, den Kern herauslösen, das Fruchtfleisch mit einem Esslöffel aus der Schale heben und ebenfalls würfeln. Die Zwiebel schälen, in feine Würfel schneiden und zusammen mit den Mango- und Avocadowürfeln in eine Schüssel geben. Den Stielansatz der Chilischote entfernen, die Schote dann mit einem spitzen Messer längs aufschlitzen und entkernen. Anschließend längs in feine Streifen, diese dann in feine Würfel schneiden und ebenfalls in die Schüssel geben.
Mit dem Limettensaft, dem Olivenöl, Salz und Tabasco marinieren und alles locker vermischen. Etwas durchziehen lassen und kurz vor dem Servieren die fein geschnittene Minze unterheben.
Den Mozzarella aus der Lake nehmen und sehr gut abtropfen lassen. Dazu am besten ein Sieb mit einem Passiertuch auslegen und den Mozzarella darauflegen. Anschließend die Kugel in ca. 50 g Stückchen zupfen (wichtig: zupfen, nicht schneiden).

Zum Anrichten
Jeweils drei Stücke Mozzarella lose auf einem Teller verteilen, mit Olivenöl beträufeln, mit Meersalz und schwarzem Pfeffer würzen. Daneben die Avocado-Mango-Salsa anrichten.

Tipp
Serviere hierzu etwas geröstetes Baguette und reibe dieses mit einer halbierten Tomate ein. Etwas Salz und Pfeffer darüberstreuen – Guten Appetit!

Hackfleischspieße auf persische Art
mit Zitronenbutter und Gurken-Minz-Joghurt

2
Personen

ca. **45**
Minuten

Für den Gurken-Minz-Joghurt
½ Gurke
200 g Naturjoghurt (Fettgehalt
    mind. 3,5 %)
1 TL grüne Minze,
    fein geschnitten
1 Knoblauchzehe, zerdrückt
1 mittlere Zwiebel, geschält
    und fein gewürfelt
Olivenöl zum Braten
1 EL Mandelblättchen, geröstet

Für die Hackfleischspieße
16 runde Holzspieße
500 g Hackfleisch vom Lamm
1 Ei
Salz
frisch gemahlener weißer Pfeffer
1 Prise Kreuzkümmel
½ TL Paprikapulver, edelsüß
1 Dose Safranfäden
60 g Butter
Saft einer Zitrone

Für den Gurken-Minz-Joghurt
Die Gurke schälen, entkernen, grob hacken und mit dem Joghurt, der Minze und ein paar Eiswürfeln in einem Standmixer fein mixen. Die Hälfte der Zwiebelwürfel und den Knoblauch in Olivenöl bei mittlerer Hitze in einer beschichteten Pfanne hellbraun anbraten und unter den Joghurt rühren. Den Dip mit den gerösteten Mandelblättchen anrichten.

Für die Hackfleischspieße
16 Holzspieße in Wasser einlegen.
Das Hackfleisch mit den restlichen Zwiebelwürfeln, dem Ei, Salz, Pfeffer, dem Kreuzkümmel und dem Paprika gründlich verkneten und dann kühl stellen.
Kurz vor dem Grillen die in 1 EL heißem Wasser aufgelösten Safranfäden in einen kleinen Topf geben. Die Butter sowie den Zitronensaft zugeben und alles erhitzen, bis die Butter geschmolzen ist.
Das Hackfleisch aus dem Kühlschrank nehmen und in 8 Portionen teilen. Jede Portion zu einer kleinen Rolle formen, in Längsrichtung auf je 2 Spieße stecken und auf den vorgeheizten Grill legen.
Damit alle Seiten gleichmäßig knusprig werden, das Hackfleisch innen saftig bleibt und nicht auseinander fällt, die Spieße häufig wenden. Kurz bevor das Fleisch gar ist, wird die Zitronen-Butter-Sauce mit einem Pinsel aufgestrichen.

Zum Anrichten
Je 4 Hackfleischspieße auf vorgewärmten Tellern anrichten.
Den Minzjoghurt in separaten Schälchen dazu reichen.

Tipp
Umso kräftiger Du das Hackfleisch knetest, umso besser wird es später am Spieß kleben, da das fleischeigene Eiweiß durchs Kneten aufgeschlossen wird. Dafür am Anfang salzen und die Hackfleischmasse in der Küchenmaschine vermischen.

Geschmorter Schweinebauch
mit Linsensalat

Für den Schweinebauch

Die Gewürze ohne Fett in einer schweren Pfanne 5 Minuten unter Schwenken rösten. Im Mörser zerstoßen, mit dem Salz, dem Zucker und dem Knoblauch mischen.

Die Schwarte des Schweinebauchs mit einer Rasierklinge oder einem scharfen Messer kreuzweise alle 3 cm einschneiden. Den Schweinebauch auf beiden Seiten mit der Gewürzpaste einreiben, die Kräuter auflegen und das Fleisch fest in Klarsichtfolie einschlagen. 2 Tage im Kühlschrank durchziehen lassen.

Dann die Gewürze abkratzen und unter fließendem kalten Wasser abwaschen. Den Schweinebauch in einen Bräter legen und diesen im auf 150 °C vorgeheizten Backofen (Ober-/Unterhitze) auf den Boden stellen. Etwa ½ Liter kaltes Wasser angießen und aufkochen lassen. Den Staudensellerie, die Möhre und die Zwiebel in grobe Stücke schneiden und zusammen mit den restlichen Gewürzen zum Fleisch geben. Anschließend das Fleisch ca. 2–3 Stunden weich schmoren. Das Fleisch vorsichtig herausnehmen und ganz auskühlen lassen. Den Schmorfond durch ein mit einem Passiertuch ausgelegtes Sieb passieren und dann in einem Topf bei mittlerer Hitze auf etwa die Hälfte reduzieren.

Den Schweinebauch in Würfel schneiden und mit etwas Schmorsauce in einer flachen Pfanne unter dem Grill knusprig werden lassen.

Für den Schweinebauch
ca. 1 kg frischer Schweinebauch

Für die Gewürzpaste
3 Sternanise
2 Zimtstangen
4 TL schwarze Pfefferkörner
2 TL Korianderkörner
1 TL Fenchelsamen
½ TL Nelken
100 g grobes Meersalz
2 EL Kristallzucker
1 TL Knoblauch, fein gehackt
je 2 Zweige Thymian, Rosmarin, Salbei

Zum Braten
2 Stangen Staudensellerie
1 Möhre
1 große Zwiebel
1 Zweig Thymian
1 Lorbeerblatt
1 Zweig Rosmarin
5 Stängel Petersilie
Salz und frisch gemahlener weißer Pfeffer
2 Nelken
1 Sternanis
½ Zimtstange
½ TL Koriander
½ TL Fenchelsamen
2 Knoblauchzehen

Für den Linsensalat mit Vinaigrette

Die Berglinsen und die roten Linsen entsprechend der Angaben auf den Packungen garen. Die Tomaten waschen, halbieren und das Kerngehäuse entfernen. Das Fruchtfleisch in kleine Würfel schneiden. Die Möhre und den Sellerie schälen und zusammen mit dem Lauch fein würfeln. Etwas Olivenöl in einer Pfanne erhitzen und die Gemüse-würfel anbraten. Das Weißbrot in Würfel schneiden. In einer zweiten Pfanne Olivenöl erhitzen und die Brotwürfel zu knusprigen Croûtons rösten. Die beiden Balsamicosorten und den Geflügelfond in einen hohen Rührbecher gießen und mit Salz, Pfefffer und Zucker würzen. Unter Rühren das Öl einlaufen lassen und eine homogene Marinade herstellen. Die Linsen, die Tomaten- und die Gemüsewürfel in eine Schüssel füllen, die Marinade darübergießen und gut vermischen. Vor dem Servieren die Croûtons locker unterheben.

Zum Anrichten

Die Schweinebauchwürfel auf vorgewärmten Tellern anrichten und mit etwas Schmorsauce beträufeln. Den Linsensalat in separaten Schalen dazu reichen.

Für den Linsensalat mit
Vinaigrette
100 g Berglinsen
100 g rote Linsen
5 Tomaten
1 Möhre
100 g Knollensellerie
1 Lauchstange, nur das
   Weiße
4 Scheiben Kastenweißbrot
Olivenöl zum Anschwitzen der
   Gemüse und Rösten der
   Croûtons
1 Bund Thymian
40 ml Balsamico, 8 Jahre
   gereift
40 ml Balsamico, 13 Jahre
   gereift
40 ml Geflügelfond
250 ml Olivenöl, extra vergine
Salz
1 Prise Kristallzucker
frisch gemahlener schwarzer
   Pfeffer

Rippenstück vom Schwein mit Schmalzgraupen, Paprika und Zitronen-Sellerie

2 Personen

ca. **60** Minuten

2 Karree vom Schwein
   (à 250 g; vom Bunte Bentheimer Schwein)
1 EL Olivenöl
2 frische Lorbeerblätter
2 Knoblauchzehen
2 EL neutrales Pflanzenöl
Salz
2 ½ EL Butter
2 – 3 Zweige frischer Thymian
frisch gemahlener schwarzer
   Pfeffer
40 ml trockener Weißwein

Für die Graupen
2 Knoblauchzehen
½ Zwiebel
3 EL Schweineschmalz
   (vom Bunte Bentheimer
   Schwein)
60 g Graupen, grob
20 ml trockener Weißwein
1 TL Paprika, edelsüß
1 TL Paprika, scharf
200 ml Geflügelfond
Salz
frisch gemahlener schwarzer
   Pfeffer
2 – 3 Zweige frischer Majoran,
   abgezupft
etwas abgeriebene Schale einer
   Bio-Zitrone

Vorbereitung

Die Schweinekarrees mit etwas Olivenöl, dem Knoblauch und den Lorbeerblättern sehr fest, mehrfach in Frischhaltefolie einwickeln. Das Päckchen für 30 Minuten in ein 65 °C warmes Wasserbad geben und die Temperatur konstant halten (am besten ein Speisenthermometer benutzen).

Danach die Karrees aus der Folie wickeln. Das Öl in einer Pfanne erhitzen. Das Fleisch, vor allem die Schwarte, salzen und auf der Fettseite knusprig ausbraten. 2 EL Butter, den Thymian und Pfeffer in die Pfanne geben und das Fleisch von der anderen Seite nachbraten. Anschließend aus der Pfanne nehmen und ruhen lassen, dabei austretenden Fleischsaft auffangen.

In der Zwischenzeit den Bratensatz mit dem Weißwein ablöschen und einkochen lassen. Den aufgefangenen Fleischsaft zufügen, aufkochen und mit ½ EL kalter Butter binden.

Für die Graupen

In der Zwischenzeit die Zwiebel und den Knoblauch fein würfeln. In einer Pfanne 2 ½ EL Schweineschmalz erhitzen und die Zwiebel- und die Knoblauchwürfel darin anschwitzen. Die Graupen unter fließendem Wasser abspülen, abtropfen lassen und zur Zwiebel-Knoblauchmischung geben. Die Graupen kurz mitrösten und mit dem Weißwein ablöschen. Das Ganze reduzieren, mit den beiden Paprikasorten würzen und mit dem Geflügelfond aufgießen. Anschließend mit Salz und Pfeffer abschmecken.

Alles zusammen ca. 20 Minuten köcheln lassen.

Kurz vor dem Anrichten die Graupen wieder erhitzen. Einen halben Löffel Schmalz, die abgeriebene Zitronenschale, die Majoranblättchen und gegebenenfalls ein wenig Geflügelfond unterziehen.

Für das Gemüse
1 rote Paprikaschote
3 Stangen Staudensellerie
1 Bio-Zitrone
2 EL Olivenöl
Salz
frisch gemahlener schwarzer
    Pfeffer

Für das Gemüse

Die Paprikaschote halbieren, entkernen und waschen. Mit etwas Olivenöl und Salz bedeckt auf einem Backblech im auf 200 °C vorgeheizten Backofen (Grillstufe) 5 – 8 Minuten grillen, bis die Haut Blasen wirft. Die Paprikaschoten aus dem Ofen nehmen, in einer Plastiktüte ca. 10 Minuten auskühlen lassen und die Haut abziehen. Anschließend die Schote in grobe Stücke zupfen. Den Sellerie schälen, dabei die langen Fasern entfernen und den Rest in daumenlange Stifte schneiden.

Einen kleinen Topf mit Wasser zum Kochen bringen. Die Zitrone hauchdünn schälen, sodass möglichst wenig von den weißen Schalenanteilen dabei ist. Die Schale in feine Streifen schneiden. (Tipp: Man kann auch einen Zestenreißer verwenden.) Die Zitronenzesten 5 Sekunden blanchieren, mit kaltem Wasser abschrecken und beiseitestellen.

Das Olivenöl in einem Topf erhitzen und die Selleriestifte darin vorsichtig anbraten, dass sie keine Farbe nehmen. Die Selleriestifte bissfest garen. Kurz vor Ende der Garzeit die Paprikastücke zufügen und kurz durchschwenken. Zum Schluss salzen, pfeffern und die blanchierten Zitronenzesten zufügen.

Zum Anrichten

Die Schweinekarrees auf 2 vorgewärmten Tellern anrichten und mit der Sauce beträufeln. Die Graupen und das Gemüse in separaten Schalen dazu reichen.

Knusprig gebratener
Spanferkelrücken mit Roter Bete

Für das Rote-Bete-Püree

Die Rote Bete leicht salzen und mit einigen Butterflocken (ca. 20 g) in Alufolie wickeln. Die Päckchen auf ein Backblech legen und im auf 200 °C vorgeheizten Backofen (Ober-/Unterhitze) ungefähr 1 Stunde weich schmoren. Die Knollen etwas abkühlen lassen und schälen (dabei am besten Einmalhandschuhe verwenden, da Rote Bete stark abfärben). Eine Knolle in grobe Würfel schneiden und warm stellen. Die restliche Butter in einem Topf bei mittlerer Hitze leicht anbräunen, zusammen mit der restlichen Rote Bete in einen Standmixer geben und alles cremig pürieren. Danach bis zum Anrichten warm stellen.

Für den Spanferkelrücken

Den Spanferkelrücken salzen und pfeffern. In einem Bräter das Öl erhitzen und das Fleisch mit der Schwartenseite nach unten anbraten. Die Schalotte und die Karotte halbieren und zusammen mit dem Staudensellerie, dem Knoblauch, den Kräutern und Gewürzen zugeben. Dann den Rücken umdrehen und den Bräter 15–20 Minuten in den auf 180 °C vorgeheizten Backofen (Ober-/Unterhitze) geben. Anschließend den Bräter herausnehmen und das Fleisch noch 15 Minuten ruhen lassen. Vor dem Anrichten den Spanferkelrücken in Scheiben schneiden.

Zum Anrichten

Das Rote-Bete-Püree mit einer gezackten Teigkarte mittig auf vorgewärmte Teller streichen. Jeweils die Hälfte der Fleischscheiben darauf anrichten. Die Rote-Bete-Würfel und das Gemüse rundherum platzieren.

Für das Rote-Bete-Püree
300 g Rote Bete
1 TL Salz
50 g Butter

Für den Spanferkelrücken
400 – 500 g Spanferkelrü-
    cken, mit Schwarte
Salz
frisch gemahlener weißer
    Pfeffer
2 EL neutrales Pflanzenöl
1 Schalotte
1 Karotte, geschält
2 Stangen Staudensellerie,
    geschält
1 Knoblauchzehe
1 Zweig Rosmarin
1 Zweig Thymian
1 Lorbeerblatt
5 Pfefferkörner

2
Personen

90
Minuten

Rosa gebratene Lammkeule
mit Möhren und Petersilien-Kapern-Pesto

4
Personen

ca. **90**
Minuten

Für die Lammkeule

½ Lammkeule ohne Knochen
  (ca. 1 kg)
Salz
2 EL Rapsöl
grobes Meersalz
frisch gemahlener schwarzer
  Pfeffer
100 ml Lammfond
2 EL Rapsöl, kalt gepresst

Für das Möhrengemüse

500 g Möhren, geschält und in
  3 mm Scheiben geschnitten
50 g Kristallzucker
10 g Korianderkörner
1 kleine Zwiebel, in Ringe geschnitten
grobes Meersalz
4 Tomaten, gehäutet, entkernt
  und das Fleisch in Viertel
  geschnitten
80 ml Orangensaft
80 ml Rapsöl, kalt gepresst
50 g glatte Petersilie, fein gehackt
frisch gemahlener schwarzer
  Pfeffer

Für die Lammkeule

Die Lammkeule mit Küchengarn in Form binden und außen salzen. In einem ofenfesten Bräter das Rapsöl erhitzen und das Fleisch darin von allen Seiten anbraten. Anschließend den Bräter für 1 Stunde in den auf 120 °C vorgeheizten Backofen (Ober-/Unterhitze) stellen und danach das Fleisch noch 10 Minuten ruhen lassen.

Die Lammkeule zum Servieren aufschneiden, mit grobem Salz und mit schwarzem Pfeffer aus der Mühle würzen.

Den beim Ruhen ausgetretenen Fleischsaft mit dem Lammfond in einem Topf erhitzen und mit dem kalten Rapsöl unter Rühren leicht binden.

Für das Möhrengemüse

In einem flachen Topf die Möhren mit dem Zucker, dem Koriander, den Zwiebelringen und einer Prise Salz vermengen. So viel kochendes Wasser aufgießen, dass die Möhren gerade bedeckt sind, und einmal aufkochen. Anschließend die Möhren 5 Minuten leicht köcheln lassen. Dann die Tomatenviertel, den Orangensaft und das Rapsöl zugeben und leicht durchschwenken. Zum Schluss die fein gehackte Petersilie zugeben und mit Salz und Pfeffer abschmecken.

Für das Petersilien-Kapern-
Pesto
50 g Pinienkerne, ohne Öl leicht
    geröstet
50 g glatte Petersilie, Blättchen
    abgezupft
150 ml Rapsöl, kalt gepresst
2 Knoblauchzehen, fein gehackt
1 Prise grobes Meersalz
50 g milder Blauschimmelkäse
50 g kleine Kapern, in Salzlake,
    abgetropft

Für das Petersilien-Kapern-Pesto

Aus den gerösteten Pinienkernen, den Petersilienblättern, dem Rapsöl, dem Knoblauch und dem Meersalz in der Küchenmaschine eine
glatte Paste mixen. Danach den Käse und die Kapern untermixen.
Zum Schluss nochmals abschmecken.

Zum Anrichten

Die Möhren mit Tomatenvierteln und etwas Sud anrichten, ein
paar Korianderkörner darüberstreuen. Zwei Scheiben Lammkeule
anrichten. Das Petersilien-Kapern-Pesto neben das Gemüse und das
Fleisch geben.

Tipp

Das Möhrengemüse kann auch heiß in Einmachgläser gefüllt werden
und so einige Zeit gelagert werden. Es schmeckt auch eiskalt zu
kaltem Braten oder einer Terrine wunderbar.

Wildschwein im Schlafrock
mit Maronen-Cappuccino

4 Personen

45 Minuten

Für das Wildschwein im Schlafrock

Das Brötchen mit der Milch übergießen und ca. 15 Minuten einweichen lassen. Das Fleisch, den Speck, das gut ausgedrückte Brötchen, die Kräuter und die Gewürze durch die mittlere Scheibe eines Fleischwolfs drehen.

Den Blätterteig auftauen und die Hackmasse als 3 cm dicke Rollen mittig auf die unteren Hälften der Blätterteigplatten geben. Das Ei und die Sahne in einer Schüssel mit einer Gabel verquirlen und damit den oberen Teil der Blätterteigplatten einstreichen. Nun den Blätterteig umschlagen, mit dem Rücken einer Gabel die Ränder aufeinander pressen. Einen Rand von etwa 2 cm stehen lassen und den Rest abschneiden. Die Oberfläche der Blätterteigtasche ebenfalls mit dem Ei-Sahne-Gemisch einstreichen.

Die Blätterteigtaschen auf ein mit Backpapier ausgelegtes Backblech geben und 15 Minuten im Kühlschrank ruhen lassen. Anschließend die Blätterteigtaschen im auf 200 °C vorheizen Backofen (Umluft) ca. 15–20 Minuten goldbraun backen.

Für den Maronen-Cappuccino

Die Butter in einer beschichteten Pfanne erhitzen. Die Maronen und Zwiebeln darin anschwitzen. Den Zucker zugeben, hell karamellisieren lassen, mit dem Geflügelfond ablöschen und alles zusammen weich kochen lassen. Anschließend die Masse in einem Standmixer sehr fein pürieren und abschmecken. Kurz vor dem Servieren etwas Crème fraîche, sowie die geschlagene Sahne unterheben und die Suppe mit einem Stabmixer etwas aufschäumen.

Für das Wildschwein im Schlafrock

- 1 Brötchen vom Vortag
- 100 ml Vollmilch
- 500 g Wildschweinfleisch
- 125 g frischer Bauchspeck vom Schwein
- ½ Bund Majoran, abgezupft
- 2–3 Zweige Thymian, abgezupft
- frisch gemahlener schwarzer Pfeffer
- 2 Wacholderbeeren
- 8 g Salz
- 4 rechteckige Blätterteigplatten (TK-Ware)
- 1 Ei
- 1 EL flüssige Sahne

Für den Maronen-Cappuccino

- 1 EL Butter
- 100 g Maronen, geschält
- 1 kleine Zwiebel, fein geschnitten
- 1 EL Kristallzucker
- 200 ml Geflügelfond
- Salz
- frisch gemahlener schwarzer Pfeffer
- 1 EL Crème fraîche
- 1–2 EL geschlagene Sahne

Zum Anrichten

Aus den Zutaten ein Dressing rühren. Den Frisée auf vorgewärmten Tellern verteilen und mit dem Dressing beträufeln. Die Blätterteigtaschen aufschneiden und auf den Tellern anrichten. Den Maronen-Cappuccino in einem separaten Glas dazustellen.

Tipp

Wildfleisch ist meist sehr mager – die Tiere werden nicht im Stall gemästet, sondern sind ständig in Bewegung. Das Fleisch tendiert daher dazu, schnell auszutrocknen. Deshalb füge ich der Hackmasse etwas Bauchspeck hinzu.

Zum Anrichten
2 EL Aceto balsamico
Salz
frisch gemahlener schwarzer
  Pfeffer
2 EL Olivenöl
etwas Friséesalat

»Weckfleisch«
mit Steinpilzen und Weißkohl

5
Gläser à
250 ml

ca. **120**
Minuten
(davon ca.
75 Minuten
Einkochzeit)

200 g fetter Speck,
  durch den Fleischwolf
  gedreht
2 kleine Zwiebeln,
  geschält und fein geschnitten
¼ Kopf Weißkohl, in kleine
  Stücke gezupft
Salz
frisch gemahlener weißer Pfeffer
600 g Hackfleisch
  (je zur Hälfte Schweine- und
  Rindfleisch)
4 EL Grieben (beim Metzger
  vorbestellen)
2 EL getrocknete Steinpilze,
  in 200 ml lauwarmem Wasser eingeweicht
½ TL Kümmel, gemahlen
2 EL Majoran, fein geschnitten
5 Schraubgläser à 250 ml

1 EL Speck in einer Pfanne auslösen, erst die Zwiebeln anbraten und dann den Weißkohl zugeben. Anschließend mit Salz und Pfeffer würzen und weich dünsten. Danach den Weißkohl in eine Schüssel geben und locker mit dem Hackfleisch, den Grieben und dem Speck mischen. Die ausgedrückten Steinpilze hacken und mit dem Einweichwasser zu der Masse geben. Erneut mit Salz, Pfeffer, dem Kümmel und dem Majoran abschmecken.

Anschließend die Masse in die Weckgläser füllen, die Gläser nach Anleitung verschließen und 75 Minuten im Einkochtopf bei 100 °C einkochen. Dann die Gläser herausnehmen und abkühlen lassen.

Tipp

Die Masse nicht bis ganz unter den Glasrand einfüllen, da sie sich beim Erhitzen ausdehnt. Wenn die Masse zu hoch eingefüllt wird, können sich beim Einkochen Fett oder kleine Fleischteilchen zwischen Ring oder Einkochglas festsetzen, das Glas ist nur verklebt, nicht richtig verschlossen bzw. eingekocht und der Inhalt kann verderben.

Die Gläser sind deshalb leichter, sodass sie beim Einkochen tanzen können. Das Steigen der Gläser lässt sich verhindern durch Auflegen eines Gewichtes und »polstern« des Topfes mit einem Tuch. Nicht zu schnell oder zu stark erhitzen, sonst kocht Fleischsaft aus und der Deckel ist wiederum nur verklebt. Hast Du einen Dämpfer, kannst Du bei 120 °C einkochen, das verlängert die Haltbarkeit.

Beim Einkochen darfst Du kein Mehl oder Brot zugeben, die Masse könnte sauer werden. Zwiebeln oder Schalotten und Gemüse immer nur weich angeschwitzt zugeben.

Willst Du das Weckfleisch warm essen, nimm es aus dem Glas und erwärme es in Scheiben geschnitten im Ofen bei 120 °C.

Tipp

Sollte die Entenhaut nicht kross werden, heize den Ofen auf
Grill-Oberhitze vor, belege die Hautseite der Entenbrüste mit
je einer Butterflocke und gib die Entenbrüste nochmals
5 Minuten in den heißen Ofen.

Rosa gebratene Entenbrust mit Feige, Polenta und gerösteten Senfkörnern

Für die Rahmpolenta
Die Milch mit der Sahne aufkochen, salzen und den Polentagrieß einrühren. Anschließend mindestens 30 Minuten quellen lassen.

Für die Lorbeerfeigen
Den Rotwein und den Portwein in einer flachen Pfanne bei mittlerer Hitze reduzieren. Den Thymian, den Rosmarin und das Lorbeerblatt einlegen. Die Feigen halbieren, mit der Schnittseite in die Pfanne legen und 10–15 Minuten weich schmoren. Abschließend werden die Feigen mit dem entstandenen Sirup glasiert.

Für die Senfkörner
Die Senfkörner langsam in einer beschichteten Pfanne bei mittlerer Hitze rösten, bis ein angenehmer Röstduft entsteht. Die Senfkörner abkühlen lassen und mit dem Maldon-Salz mischen.

Für die Entenbrüste
Die Entenbrüste auf der Hautseite mit einem scharfen Messer rautenförmig einschneiden. Dabei nicht zu tief schneiden, um das Fleisch nicht zu verletzen. Die Entenbrüste mit der Hautseite nach unten in eine Pfanne geben und bei mittlerer Hitze langsam goldbraun ausbraten. Die Entenbrüste in der Pfanne wenden und für 15 Minuten in den auf 80 °C vorgeheizten Backofen (Ober-/Unterhitze) geben.

Zum Anrichten
Jede Entenbrust einmal durchschneiden und die beiden Hälften auf vorgewärmten Tellern anrichten. Je 2 Feigenhälften danebensetzen und mit dem Sirup beträufeln. 1 EL Polenta etwas auf dem Teller verstreichen und die Senfkörner darüberstreuen. Nach Belieben können die Teller mit frischen Lorbeerblättern dekoriert werden.

2 Personen

40 Minuten

Für die Rahmpolenta
150 ml Vollmilch
150 ml flüssige Sahne
frisch gemahlenes Meersalz
50 g Bramata Polentagrieß
 (Feinkosthandel)

Für die Lorbeerfeigen
100 ml trockener Rotwein
200 ml roter Portwein
2 Zweige Thymian
1 Zweig Rosmarin
1 frisches Lorbeerblatt
2 Feigen

Für die Senfkörner
2 EL Senfkörner
1 EL Maldon Sea Salt Flakes
 (Salzflocken aus dem Feinkosthandel)

Für die Entenbrüste
2 Entenbrüste
Salz
Pfeffer

Rückwärtsgaren oder »Das perfekte Steak«

Die zwei häufigsten Fragen, die mir gestellt werden – und die sich dann auch Männer zu fragen trauen – sind die nach den Bratkartoffeln und: »Wie brate ich denn jetzt eigentlich das perfekte Steak?«

»Historische« Steaks

Gehen wir erst einmal ein bisschen zurück in die »Steak-Zubereitungs-Geschichte«. Da gibt es nämlich ein paar »Erfolgsgeheimnisse«, die besser geheim geblieben wären. So hat man früher gesagt, Fleisch müsse schnell heiß angebraten werden, damit sich die Poren schließen. Das ist schlicht und einfach falsch. Fleisch hat keine Poren, sondern sogenannte Fibrillen, also Eiweißfasern. Brät man das Fleisch zu heiß an, zieht sich das Eiweiß zusammen. So entsteht genau das, was auch passiert, wenn man einen nassen Schwamm in der Hand zusammendrückt: Das Wasser läuft raus. Genauso läuft der Saft aus dem Fleisch und bildet auf dem Teller einen See. Und das wollen wir nicht.

So in den 80er-Jahren hat man dann das Fleisch – wegen der angeblichen Poren! – immer noch heiß angebraten, aber es hieß auch, dass man es nach dem Braten unbedingt ruhen lassen solle.

Dazu hat man das Fleisch also nach dem Braten in Alufolie gepackt und in den lauwarmen Ofen gestellt.

Prinzipiell ist das zwar schon mal ein Schritt in die richtige Richtung. Was dabei allerdings wieder verschwindet, ist die schöne Brat-Kruste. Und ich will ja, dass mein Steak rösch schmeckt und nicht wie ein verschwitzter, dunkler Lappen auf dem Teller liegt.

Mein Aha-Erlebnis

Wie es ganz einfach viel besser wird, habe ich beim Grillen mit Freunden gelernt. Ich hatte den Grill schon angeschmissen und das Fleisch vorbereitet, aber die Freunde verspäteten sich. Mein Fleisch lag also bei knallheißer Sonne unter Alufolie im Garten und wurde innerhalb der nächsten zwei Stunden richtig, richtig warm. Als ich endlich anfangen wollte zu grillen, war mir klar: Wenn ich das jetzt so zubereite wie geplant, dann wird es komplett durch. Also habe ich den Grill nochmal so richtig aufgeheizt, die Kohle an die Seite geschoben, sodass eine Mörderhitze entstanden ist. Das gerade gesalzene Fleisch – ein richtig dickes 1,2 Kilo schweres Côte de Boeuf – habe ich dann nur ganz kurz von jeder Seite etwa zwei Minuten auf den Grill gepackt. Das Ergebnis: Es war genau auf den Punkt, außen knusprig und innen richtig schön saftig.

Also habe ich mir überlegt: wenn das bei meinem Grillfleisch so gut funktioniert hat, dann müsste dieses System doch auch in der Küche möglich sein. Daraus wurde dann das Rückwärtsbraten. Das hat übrigens, wie ich erst später erfahren habe, ein Schweizer Metzger auch schon so beschrieben. Zwei Dumme, ein – guter – Gedanke.

Noch einmal die drei Ziele beim Braten eines Steaks: Das Fleisch soll saftig sein, es soll einen richtig guten Bratgeschmack haben und den richtigen Garpunkt. Das bedeutet: Die Endtemperatur in der Mitte ist 48 °C bis 52 °C für »rare«, 52 °C bis 55 °C für »medium rare«, 55 °C bis 58 °C für »medium« und über 60 °C für »Schuh-sohle«. Der Geschmack beim Steak entsteht durch die sogenannte Maillard-Reaktion. Ein französischer Physiker hat im 19. Jahrhundert entdeckt, dass das Karamellisieren bestimmter Stoffe zusammen mit dem Eiweiß, die für uns angenehmen Röstaromen entwickelt. Die Röst-Kruste sorgt also für den richtigen Geschmack. Und das Saftigbleiben erreiche ich eben durch das Rückwärtsgaren.

Wie's geht

Zuerst würzt Du das Fleisch mit ein bisschen Knoblauch, Kräutern und etwas Olivenöl. Dann legst Du es in eine Auflaufform, deckst es mit Frischhaltefolie (nicht mit Alufolie) ab und stellst es bei etwa 60–70 °C Ober-/Unterhitze in den Ofen, sodass es gerade durch und durch warm wird. Je nachdem, wie dick das Fleisch ist, kann das durchaus eine Stunde dauern. Wenn das Fleisch in der Mitte so etwa 50 °C hat, ist es genau richtig. (Auf die wie oben gewünschte Endtemperatur kommt es dann beim Anbraten.) Am sichersten misst Du das mit einem Temperaturfühler. Dann kommt das Fleisch aus dem Ofen und wird aus der Würze genommen. Diese Mischung aus Knoblauch, Gewürzen und Olivenöl stellst Du beiseite. Das Fleisch ein bisschen abtupfen und danach grobes Salz richtig fest einmas-sieren. Ein kleiner Trick, den mir mein lieber Freund Stefan Marquard verraten hat: Reibe zusätzlich ein bisschen Zucker ein, das steigert den Fleischgeschmack ungemein. Dann gibst Du einen Esslöffel Butter in eine Pfanne, wenn Du möchtest noch einen Schuss Olivenöl dazu, und wartest bis die Butter bei etwa Zweidrittel-Wärme gerade braun geworden ist. Ohne die Wärme hochzuschalten, kommt das Fleisch in die Pfanne.

Eine wichtige Regel dabei: Die Pfanne muss groß genug sein. Denn beim Braten von Fleisch (aber auch von Fisch und Gemüse) muss

immer mindestens ein Drittel des Pfannenbodens noch zu sehen sein. Wäre der Boden vollständig bedeckt, würde sich dort die Hitze stauen und das Fleisch anfangen zu köcheln. So könnte sich keine Kruste bilden.

Ein richtig großes Stück Côte de Boeuf hat meistens eine Fettauflage. Du nimmst das Fleisch mit einer Pinzette quasi hochkant und stellst es mit der Fettauflage nach unten in die Pfanne. Du fixierst die Pinzette (oder hältst sie einfach fest) und brätst diese Fettschicht in der Butter knusprig an.

Dann legst Du das Fleisch auf eine Seite, und wenn Du das Gefühl hast, dass diese Seite genug Farbe hat, drehst Du es einmal (und nicht mehrmals) um. Dein Gefühl kannst Du, wenn Du ihm noch nicht ganz vertraust, mit etwa zwei bis drei Minuten ersetzen.
Dafür brauche ich übrigens keine ganz hohe Hitze. Denn Farbe erhält das Fleisch durch die karamellisierende Molke in der Butter.

Wenn beide Seiten goldbraun sind, gibst Du die Gewürze, die Du vorher zum Marinieren verwendet hast, in die Pfanne und mit einem Löffel auch kurz (!) etwas von diesem Gemisch aus Gewürzen und brauner Butter über das Fleisch. Damit solltest Du Dich aber nicht zu lange aufhalten, denn selbst ein vier Zentimeter dickes Stück (das auch schon vorgegart hat) ist fertig, wenn es von jeder Seite nur etwa zwei bis drei Minuten gebraten wird. Wenn Du dieses Fleisch dann anschneidest, wird kaum Fleischsaft austreten und Du hast eine wunderbare Kruste.

Funktioniert das auch mit einem fettfreien Steak?
Es ist genau das gleiche Prinzip, nur dass das erste Anbraten auf der Fettseite logischerweise wegfällt. Aber auch ein dünnes Hüftsteak kann zur Vorbereitung eine Stunde im Ofen bleiben. Nur sollte dann die Ofentemperatur etwas geringer sein. Bereit zum Braten ist es aber auch bei etwa 50–55 °C in der Mitte.

Und bei einem ganzen Stück Roastbeef?
Wenn es nicht um Steak geht, sondern um ein größeres, dickeres Stück wie beispielsweise ein Roastbeef für vier Personen, das rund ein Kilo wiegt, gibt es eine goldene Regel: ein Kilo, 120 °C, eine Stunde im Ofen. Dann geht es genauso weiter wie beim Steak. Einreiben mit Öl, Kräutern und Knoblauch. Eine Stunde in den Ofen (Kerntemperatur 50 °C), von allen Seiten in einer großen Pfanne oder einem großen Bräter fertig gebraten bis es rundum goldbraun ist (und die Kerntemperatur wie oben beschrieben) – und es wird perfekt.

Hinweis: Bitte wendet diese Methode nicht bei Wildfleisch an. Das Fleisch würde so sehr mürbe werden und vermittelt im Mund das Gefühl immer mehr zu werden!

Wie heiß wird mein Ofen wirklich?

Auch gute Öfen sind nicht immer ganz genau in ihrer Temperaturanzeige. Man kann aber leicht herausfinden, wie heiß der eigene Ofen auf welcher Stufe tatsächlich wird. Dazu nimmst Du einen Temperaturfühler und steckst die Spitze in eine Kartoffel oder einen Korken (nicht durchstechen, damit der Fühler nicht auf dem Blech liegt). Dann schaltest Du Deinen Ofen eine halbe Stunde auf 150°C. Weil die Hitze über die Kartoffel beziehungsweise den Korken ganz gleichmäßig in den Fühler geht, übermittelt er nach einer gewissen Zeit, genau die Temperatur, die tatsächlich im Ofen herrscht. Dann weißt Du, ob Du bei Hitzeangaben in Rezepten immer etwas nach oben oder nach unten korrigieren musst.

Die 10-Stunden-Gans

4
Personen

ca. **3**
*Stunden
+ 10 Stun-
den Ofen*

1 Gans (3 – 4 kg), küchenfertig,
   mit Innereien
2 Äpfel
2 Zwiebeln, mittelgroß
250 ml Apfelsaft
Saft von einer Orange
2 Zweige Beifuß,
   klein geschnitten
Salz
frisch gemahlener schwarzer
   Pfeffer
2 EL neutrales Pflanzenöl
250 ml Gänse- oder Geflügelfond
1 TL Stärkemehl

Für die Gans

Die Gans waschen, trocknen und dann die unteren Flügel am Gelenk
abtrennen. Das Innere großzügig mit Salz einreiben. Die Äpfel und die
Zwiebeln grob würfeln und anschließend in einer Schüssel mit Pfeffer,
50 ml Apfelsaft, dem Orangensaft und dem Beifuß vermischen. Die
Gans mit diesem Mix füllen und die Bauchlappen mit Holzspießen gut
verschließen. Die Keulen mit Küchengarn zusammenbinden. Dann
die Gans fest in mehrere Lagen Frischhaltefolie wickeln und mit der
Brustseite nach unten auf ein tiefes Blech (Saftpfanne) legen. Im Ofen
unter Verwendung eines Backofenthermometers bei genau 80 °C
(Ober- / Unterhitze) 10 Stunden lang garen. Anschließend die Gans
aus dem Ofen nehmen. Die Gans vorsichtig aus der Folie wickeln,
dabei das ausgetretene Fett sowie den Fleischsaft auffangen. Die
Füllung entfernen und für den Saucenansatz aufbewahren. Die Gans
danach für ca. 1 Stunde ruhen lassen. Die Haut vorsichtig trocken
tupfen und die Gans auf einem Gitter, mit der Brustseite nach oben,
45 Minuten im auf 150 °C vorgeheizten Backofen (Umluft) goldbraun
braten. Die Ofentür dabei einen kleinen Spalt weit offen lassen.

Für die Sauce

Das Herz, den Magen, den Hals sowie die abgetrennten Flügel
der Gans walnussgroß hacken und mit Pflanzenöl in einem großen
flachen Topf goldbraun rösten. Die Zwiebel-Apfel-Füllung hinzufügen
und ebenfalls anrösten. Mit dem restlichen Apfelsaft ablöschen. Wenn
dieser vollständig reduziert ist, sparsam salzen und den Gänse- oder
Geflügelfond angießen. Die Sauce 2 Stunden köcheln lassen, durch
ein Sieb abgießen, zum gewünschten Geschmack reduzieren und mit
etwas Stärke binden.

Zum Anrichten

Die kross gebratene Gans aus dem Ofen nehmen, in 4 Teile tranchie-
ren und diese auf vorgewärmten Tellern anrichten. Die Sauce separat
dazu reichen.

Tipp

Zumeist arbeitet die Temperaturregelung des Herdes nicht ganz exakt. Um die genaue Temperatur im Innern des Ofens zu messen, stich ein Fleischthermometer auf einen Korken oder eine Kartoffel und lege dieses in die Mitte des Ofens. Der Messfühler des Thermometers liegt somit nicht direkt auf einem heißen Blech oder an der heißeren Ofenwand, sondern misst die Temperatur im Innenraum.

Kartoffel-Senfgurken-Salat
mit kross gebratener Makrele

Für den Kartoffel-Senfgurken-Salat

Die Kartoffeln waschen und in kochendem Salzwasser weich kochen. Das Kochwasser abgießen und die Kartoffeln schälen. Die noch warmen Pellkartoffeln in eine Schüssel geben. In einer beschichteten Pfanne das Öl erhitzen und die Schalottenwürfel darin anschwitzen. Mit dem Essig ablöschen, die Brühe dazugeben und die Sauce um die Hälfte einkochen. Den Senfgurkenfond zugeben, weiterreduzieren und dann das Traubenkernöl einrühren. Die Kartoffeln mit einer großen Gabel grob zerdrücken, mit der heißen Sauce übergießen und die Senfgurken unterheben. Die Radieschen in Spalten und die Frühlingszwiebeln in feine Scheiben schneiden und ebenfalls untermengen. Anschließend den Salat für 1 Stunde kühl stellen. Danach die Creme fraîche unterheben und mit weißem Balsamico, Salz, Pfeffer und Zitronensaft abschmecken.

Für die Makrele

Die Makrele filetieren (oder vom Fischhändler vorbereiten lassen), die Haut mit einer Rasierklinge einritzen, salzen und nur auf der Hautseite mit Mehl bestäuben.
Das Öl bei mittlerer Hitze in einer beschichteten Pfanne erhitzen und die Makrele auf der Hautseite braten, bis die Haut kross, das Fleisch aber noch etwas glasig ist. Anschließend die Makrele auf die Fleischseite drehen, die Butter, den Thymian und einen Spritzer Limettensaft zufügen. Die Filets herausnehmen und auf ein Tuch legen.

Zum Anrichten

Den Kartoffel-Senfgurken-Salat auf den Tellern anrichten und je ein Makrelenfilet danebensetzen. Die Makrele abschließend etwas mit der Bratbutter beträufeln.

Für den Kartoffel-Senfgurken-Salat
200 g mehligkochende
   Kartoffeln (z. B. Karlena)
1 Schalotte, gewürfelt
1 EL neutrales Pflanzenöl
1 Spritzer Tafelessig
50 ml Geflügelbrühe
etwas Senfgurkenfond (s.u.)
20 ml Traubenkernöl
100 g eingelegte Senfgurken,
   in daumennagelgroße Stücke geschnitten
½ Bund Radieschen, geputzt
2 Stangen Frühlingszwiebeln
2 EL Crème fraîche
weißer Balsamico-Essig
Salz
frisch gemahlener weißer
   Pfeffer
Saft einer halben Zitrone

Für die Makrele
1 frische Makrele
   (ca. 400 – 600 g)
Salz
1 EL Mehl, Type 405
1 EL neutrales Pflanzenöl
½ EL Butter
1 Zweig Thymian
1 Limette

Sautierte Garnelen mit
Tandoori-Sauce, Zwiebel-Pakora und Gurkenschaum

2
Personen

60
Minuten +
24 Stunden
Abtropf-
zeit

Für die Zwiebel-Pakoras

500 g Zwiebeln
4 EL Pflanzenöl
800 g Kichererbsenmehl
50 g Reismehl
50 g Salz
1 Prise Paprikapulver, edelsüß
½ TL Curcuma
1 Prise Garam Masala
5 Korianderkörner
1 Prise Kreuzkümmel
Paprikapulver, scharf
½ TL Backpulver
Abrieb einer Bio-Limette
1 Eiweiß
Pflanzenöl zum Frittieren

Für die Tandoori-Garnelen

6 rohe Garnelen (Größe 8/12),
   mit Schale
2 EL Tandooripaste
1 EL Joghurt
1 Limette
Olivenöl
1 EL Butter
1 TL Ingwer, grob gewürfelt
2 Zweige frischer Koriander
Salz
frisch gemahlener weißer Pfeffer

Für die Zwiebel-Pakoras

Die Zwiebeln schälen, in feine Streifen schneiden und mit etwas Pflanzenöl bei geringer Hitze weichschmoren. In einem Sieb über Nacht abtropfen lassen. Dies sollte 200 g Zwiebelmasse ergeben. Das Kichererbsenmehl mit dem Reismehl, den Gewürzen und dem Backpulver mischen. Davon 45 g abwiegen, mit 40 ml Wasser und dem Abrieb einer Limette vermengen und in die Zwiebelmasse einarbeiten. Das Eiweiß halbsteif schlagen und ebenfalls vorsichtig unterheben.
Für die Pakoras die Zwiebelmasse mit Esslöffeln zu Nocken formen. In heißem Fett goldgelb ausbacken und auf Küchenkrepp abtropfen lassen.

Für die Tandoori- Garnelen

Die Garnelen waschen, aus der Schale puhlen und unter fließend kaltem Wasser abspülen. Die Tandooripaste mit dem Joghurt und dem Limettensaft mischen. Die Garnelen bepinseln und etwas von der Marinade beiseitestellen. Das Olivenöl in einer beschichteten Pfanne erhitzen und die Garnelenschwänze bei mäßiger Hitze anbraten. Die Butter, den Ingwer und den Koriander in die Pfanne geben und die Garnelen darin aromatisieren. Mit Salz und Pfeffer abschmecken.

Für den Gurkenschaum

Den Joghurt, den Gurkensaft, die Sahne und die Korianderstiele in einem Mixer pürieren. Etwas Zitronensaft erwärmen, die eingeweichte und ausgedrückte Gelatine darin auflösen und unter die Joghurtmasse arbeiten. Mit den Gewürzen abschmecken. Passieren und in einen iSi-Sahnespender füllen. Mit 2 Patronen bestücken.
Die Salatgurke waschen, längs in sehr dünne Streifen schneiden und spiralig aufwickeln.

Für die Linsen

Die Linsen ca. 2-3 Stunden in kaltem Wasser einweichen und anschließend in kochendem Rote-Bete-Saft bissfest garen.

Aus dem Limettensaft, Salz, Pfeffer und dem Olivenöl eine leichte Vinaigrette herstellen und die Linsen, zusammen mit dem Salat marinieren.

Zum Anrichten

Auf den Teller etwas von der Tandoori-Marinade ausstreichen und je 3 Garnelen anrichten. Den Gurkenschaum aus dem Spender in die vorbereiteten Gurkenzylinder füllen. Mit den marinierten Linsen garnieren. Daneben die Zwiebel-Pakoras legen.

Für den Gurkenschaum

300 g Joghurt
100 g Gurkensaft (aus 1–1 ½ Gurken)
100 g flüssige Sahne
Korianderstiele
Zitronensaft
3 Blatt Gelatine
Piment | Garam Masala | Salz
1 Salatgurke

Für die Linsen

50 g rote Linsen
100 ml Rote-Bete-Saft
Limettensaft
Olivenöl
Salz
frisch gemahlener schwarzer Pfeffer
etwas Friséesalat oder Kresse

Geschmorte Tomaten
mit Kabeljau

Für die geschmorten Tomaten

Die Tomaten aus der Dose in ein Sieb geben, dabei den Saft auffangen. In der Zwischenzeit die Zwiebel, den Knoblauch und den Speck in feine Würfel schneiden und zusammen in wenig Olivenöl anschwitzen.

Den aufgefangenen Tomatensaft und den Geflügelfond zugeben und das Ganze auf kleiner Flamme einköcheln lassen. Die Sauce mit Salz und Pfeffer abschmecken und die Kräuter zugeben. Nun die geschälten Tomaten zugeben und schmoren lassen, bis die Tomaten weich sind, aber noch ihre Form behalten. Zwischendurch immer wieder mit der Sauce übergießen. Vor dem Servieren die Tomaten aus der Sauce heben und warm stellen. Dann die Kräuter entfernen und die Sauce mit der Orangenmarmelade abschmecken.

Für die Gremolata

Den Thymian, den Rosmarin und die Petersilie abzupfen und fein hacken. Den Knoblauch schälen und ebenfalls fein hacken. Die Schalen der Zitronen und der Orangen fein abreiben. Alles zusammen mit dem Olivenöl gut verrühren.

Für das Kabeljaufilet

Das Kabeljaufilet waschen und trocken tupfen. Dann das Filet in einer flachen Form mit dem Salz bedecken und 15 Minuten im Kühlschrank ziehen lassen. Danach das Salz sehr sorgfältig in reichlich kaltem Wasser abwaschen, den Fisch abtrocknen und portionieren. Die Olivenpaste mit den Semmelbröseln vermengen und auf der Oberseite der Fischfilets verteilen. Das Olivenöl bei mittlerer Hitze in einer beschichteten Pfanne erhitzen. Den Fisch mit der panierten Seite nach unten in die Pfanne legen und knusprig anbraten. Anschließend den Fisch wenden, die Hitze zurückschalten bzw. ausschalten und die Butter, den Thymian, den Knoblauch und die abgeriebene Zitronenschale zugeben.

Für die geschmorten Tomaten
400 g Tomaten, geschält (Konserve)
1 Zwiebel
1 Knoblauchzehe
50 g Speck
1 EL Olivenöl
100 ml Geflügelfond
Salz
frisch gemahlener schwarzer Pfeffer
1–2 Zweige Thymian
1 EL Bitterorangenmarmelade

Für die Gremolata
1 Zweig Thymian
1 Zweig Rosmarin
5 Stängel glatte Petersilie
1 Knoblauchzehe
2 Bio-Zitronen
2 Bio-Orangen
2 EL Olivenöl, extra vergine

Für das Kabeljaufilet
300 g Filet vom Kabeljau, ohne Haut und Gräten
500 g mittelgrobes, weißes Meersalz
1 EL schwarze Olivenpaste (span. Tapenade)

Die gespeicherte Resthitze der Pfanne sollte für kleinere Fischstücke ausreichen, um diese fertig zu garen. Der Kern sollte glasig bleiben.

Zum Anrichten

Je 2 geschmorte Tomaten auf die vorgewärmten Teller geben und die Sauce über die Tomaten löffeln. Die Gremolata über die Tomaten träufeln. Den Fisch daneben anrichten und den Koriander darüber-streuen. Dazu eine Scheibe geröstetes Weißbrot reichen.

Tipp

Das vorherige Einsalzen bewirkt neben der geschmacklichen Komponente, dass das Fischfleisch etwas fester wird und leichter zu handhaben ist.

4 EL Semmelbrösel
(am besten japanisches
Pankomehl)
1 EL Olivenöl
1 EL Butter
3 Zweige Thymian
1 Knoblauchzehe
1 Bio–Zitrone
1 EL Korianderkörner, geröstet und grob zerstoßen

Zander mit krosser Haut
auf Paprika-Kürbis-Gemüse

Für das Paprika-Kürbis-
Gemüse
2 EL Olivenöl
2 Schalotten, fein geschnitten
1 rote Paprika, fein geschnitten
1 gelbe Paprika, fein geschnitten
250 g Kürbis, gerieben (z. B. Hokkaido)
½ TL Paprikapulver, scharf
½ TL Cayennepfeffer
100 ml Geflügelfond
Salz
frisch gemahlener schwarzer Pfeffer
¼ TL Kümmelsamen, gehackt
2 EL Crème fraîche
1 Spritzer Apfel-Balsamico-Essig
2 Zweige glatte Petersilie
1 EL geschlagene Sahne

Für den Zander
2 Zanderfilets à 150 g , mit Haut
1 EL Mehl, Type 405
1 TL Paprikapulver, edelsüß
1 EL Butter
1 EL Kürbiskerne
2 EL Kürbiskernöl

Für das Paprika-Kürbis-Gemüse

Das Olivenöl in einer beschichteten Pfanne erhitzen und die Schalotten und die Paprika darin so anschwitzen, dass beide keine Farbe nehmen. Den geriebenen Kürbis dazugeben und mit anschwitzen. Mit dem Paprikapulver und dem Cayennepfeffer bestäuben und mit dem Geflügelfond ablöschen. Mit Salz und Pfeffer abschmecken und den gehackten Kümmel dazugeben. Nun das Ganze auf kleiner Flamme ca. 1 Stunde ziehen lassen, bis die Flüssigkeit fast vollständig reduziert ist. Dann die Crème fraîche und einen Spritzer Apfel-Balsamico-Essig zufügen. Nochmals mit Salz und Pfeffer abschmecken. Kurz vor dem Anrichten die geschlagene Sahne und die fein geschnittene Petersilie unterheben.

Für den Zander

Die Zanderfilets auf der Hautseite leicht einritzen. Das Mehl mit dem Paprikapulver vermischen und die Hautseite der Filets damit bestäuben. Die Butter in einer beschichteten Pfanne erhitzen und die Zanderfilets darin bei mittlerer Hitze glasig braten. (Tipp: Die Filets während des Bratens etwas beschweren, damit sie sich nicht wölben.)
Die Kürbiskerne in einer beschichteten Pfanne ohne Fett leicht anrösten.

Zum Anrichten

Das Paprika-Kürbis-Gemüse auf 2 vorgewärmten Tellern anrichten und je ein Fischfilet darauflegen. Das Kürbiskernöl mit den grob gehackten Kürbiskernen vermengen und darüberträufeln lassen.

Lachs mit karamellisiertem Spargel und Pommes frites

Für die Pommes frites

Die Kartoffeln gründlich abbürsten. Die Kartoffeln dann mit Schale in Stäbchen schneiden und in kaltes Wasser legen. Die Kartoffelstäbchen aus dem Wasser heben, dabei gut abtropfen lassen. Die restliche Feuchtigkeit mit Küchenpapier abtupfen.
In einem weiten Topf oder einer Fritteuse reichlich Öl erhitzen. Die Kartoffelstäbchen erst in kleinen Portionen bei 140 °C im heißen Fett garen, dann bei 180 °C knusprig frittieren. (Vorsicht beim Einlegen der Kartoffeln in das heiße Fett, damit es nicht spritzt.)

Für den Lachs

Die Lachsfilets mit dem Zitronensaft, dem Olivenöl, dem Zucker, Pfeffer und Salz in eine flache Form legen und für ca. 20 Minuten in den auf 80 °C vorgeheizten Backofen (Umluft) schieben.

Für den Spargel

Den Spargel beginnend an der Spitze schälen. In einer flachen Pfanne die Butter aufschäumen, den Spargel einlegen, salzen und zuckern und abgedeckt 5 – 10 Minuten braten. Dabei die Spargelstangen gelegentlich wenden.
Den Balsamico-Essig und das Olivenöl mischen. Die Tomaten- und Schalottenwürfel, die Koriandersamen und den Estragon einrühren. Abschließend mit Salz, Pfeffer und Zucker abschmecken.

Zum Anrichten

Die Spargelstangen mittig auf den Tellern anrichten und die Tomatenvinaigrette darauf verteilen. Den Lachs und die Pommes frites auf beiden Seiten des Spargels in gleichen Abständen platzieren. Auf dem Lachs etwas grobes Meersalz und grob zerstoßenen schwarzen Pfeffer anrichten.

2 Personen

45 Minuten

Für die Pommes frites
400 g vorwiegend fest-
  kochende Kartoffeln
  (z. B. Bintje)
Rapsöl zum Frittieren
Salz

Für den Lachs
2 Stück Lachsfilet ohne Haut,
  à 150 g
Saft einer halben Zitrone
Salz
1 Prise Kristallzucker
1 EL Olivenöl, extra vergine
frisch gemahlener schwarzer
  Pfeffer

Für den Spargel
10 Stangen weißer Spargel
3 EL Butter
je 1 Prise Salz & Kristallzucker
50 ml Balsamico-Essig
100 ml Olivenöl, extra vergine
2 feste, reife Tomaten, gehäutet, entkernt und gewürfelt
1 Schalotte, geschält und fein
  gewürfelt
1 TL geröstete Koriandersamen
1 EL fein geschnittener
  Estragon
frisch gemahlener weißer
  Pfeffer

Kross gebratener Bachsaibling
mit Erbsen und jungem Knoblauch

Für die Saiblingsfilets

2 frische Filets vom Bachsaibling
  (á 100–150 g)
1 EL Mehl, Type 405
1 EL neutrales Pflanzenöl
1 ½ EL Butter
1 Knoblauchzehe, leicht
  angedrückt
1 Zweig Thymian
1 Spritzer Limettensaft

Für die Beilage

1 Knolle junger Knoblauch
100 ml Vollmilch
Salz
2 Kopfsalatherzen
40 g junge Erbsen, in stark
  gesalzenem Wasser
  blanchiert

Für die Knoblauchsauce

100 ml Geflügelfond
20 g Butter
20 g flüssige Sahne
1 EL Crème fraîche
1 blanchierte Knoblauchzehe
Salz
1 Spritzer Limettensaft

Für die Saiblingsfilets

Die Haut der Saiblingsfilets mit einer Rasierklinge einritzen, salzen und nur auf der Hautseite mit Mehl bestäuben.

Bei mäßiger Hitze das Pflanzenöl in einer beschichteten Pfanne erhitzen und die Filets auf der Hautseite braten, bis die Haut kross und das Fleisch noch etwas glasig ist. Auf die Fleischseite drehen, ½ EL Butter, den Thymian, die Knoblauchzehe und einen Spritzer Limettensaft zufügen. Die Filets herausnehmen und auf ein Tuch legen.

Für die Beilage

Den jungen Knoblauch in die einzelnen Zehen zerteilen. Die Milch mit einer Prise Salz erhitzen und den Knoblauch darin 2 Minuten blanchieren. Den Knoblauch wieder aus der Milch heben, von der Haut befreien und beiseitestellen.

Die restliche Butter in einer beschichteten Pfanne leicht bräunen und die blanchierten Knoblauchzehen darin anschwitzen. Die geputzten Kopfsalatherzen und die Erbsen hinzufügen und durchschwenken. Anschließend mit Salz abschmecken und anrichten.

Zum Anrichten

Die Salatherzen, die Erbsen und die Knoblauchzehen auf vorgewärmten Tellern anrichten und je ein Fischfilet darauflegen. Abschließend etwas von der Limettensauce darüberträufeln.

Tipp

Wenn man mag, kann man noch eine leichte Knoblauchsauce reichen.

Alle Zutaten in einem Topf zusammen aufkochen und mit dem Mixstab pürieren. Falls die Sauce zu dünn ist, kann noch etwas kalte Butter eingemixt werden. Falls die Sauce zu dick geraten ist, kann etwas Geflügelfond zugegeben werden.

Fisch

in der Salzkruste

Den Fisch waschen und trocken tupfen. Die Kräuter waschen und trocken schütteln. Anschließend den Fisch pfeffern und die Kräuter in die Bauchhöhle legen.

Das grobe Salz mit dem Eiweiß, dem Mehl und so viel Wasser vermischen, dass es sich wie nasser Sand am Strand anfühlt. (Vorsicht: Es soll kein Wasser auslaufen, wenn man die Masse in den Händen hält.) Davon eine 1–2 cm dicke Schicht auf die Saftpfanne des Backofens geben. Den Fisch darauflegen und mit dem restlichen Salz vollständig abdecken.

Im auf 180 °C vorgeheizten Backofen (Umluft) ca. 40 Minuten garen und danach noch 5 Minuten ruhen lassen. (Keine Angst, 5 Minuten länger im Ofen schaden dem Fisch nicht.)

Damit die Kruste während des Backens nicht einreißt, empfiehlt es sich, diese ein- bis zweimal mit einer Sprühflasche mit Wasser zu befeuchten.

Anschließend die festgebackene Salzkruste längs aufschlagen und stückweise abheben.

Zum Anrichten

Den Fisch auf einen vorgewärmten Teller legen. Die Haut des Fisches abnehmen und das Fleisch mit einem Schuss Olivenöl servieren. Nach Belieben einige gehackte Kräuter mit etwas Zitronen- und Orangenabrieb sowie etwas Olivenöl vermengen und dazu reichen.

Tipp

Das Einpacken in die Salzmasse ist vielleicht leichter, wenn Du dir aus Alufolie einen Rahmen in Fischform bastelst.

Als Beilage passt z. B. gleichzeitig mit dem Fisch im Ofen in Olivenöl gegartes Gemüse.

---

2 *Personen*

45 *Minuten*

1 kg Fisch, z. B. Zander, Lachs, Loup de mer oder Zackenbarsch, im Ganzen
je 1 kleines Bund glatte Petersilie, Thymian, grüne Minze
frisch gemahlener weißer Pfeffer
1 kg grobes Meersalz
2 Eiweiß
200 g Mehl, Type 405
1–2 EL Olivenöl, extra vergine

Kross und knusprig

Auf den letzten Seiten ging es in einigen Rezepten um das Thema »Kross und knusprig«, und ich weiß aus vielen Gesprächen: das ist ein echter Angstgegner beim Braten von Fisch, Fleisch oder der Weihnachtsgans oder Ente. Dabei muss man doch nur ein paar Kniffe beachten. Das wirklich rösche Steak habe ich schon in einem eigenen Kapitel behandelt. Jetzt also zunächst zum Fisch.

Extra-Tipp

Fisch (wie übrigens auch Fleisch) sollte man nie zubereiten, wenn er direkt aus dem Kühlschrank kommt. Man sollte ihm Zeit geben, sich an die Zimmertemperatur zu gewöhnen – idealerweise etwa eine Stunde (bei Fleisch je nach Dicke bis zu drei Stunden). Sonst ist der Temperaturschock selbst in einer richtig temperierten Pfanne zu groß. Dann ziehen sich Fisch oder Fleisch zusammen und lassen sich nicht mehr gleichmäßig garen und/oder braten.

Das Fischfilet

Wir gehen zunächst von einem Fischfilet aus, also beispielsweise von einem Portionsstück Zander oder Forelle. Alle natürlich mit Haut, denn die soll ja kross werden.

Ihr salzt den Fisch zuerst auf der Haut. So kann sich beim Braten das Salz mit dem Fischfleisch austauschen.

Warum Salz immer kurz vor dem Braten?

Salzt man ein Bratgut (egal ob Fisch, Fleisch oder Gemüse) zu früh, wird zu viel Feuchtigkeit entzogen. Salzt man zu spät, kann es sich nicht mit dem Bratgut verbinden.

Probiert es einfach mal aus: Salzt ein Stück Fleisch einmal erst nach dem Braten, und das Salz wird immer nur auf der Oberfläche bleiben und sich nicht mit dem Fleisch oder Fisch verbinden. Geschmacklich habt Ihr dann also zuerst viel Salz und dann ungewürztes (Fisch-)Fleisch.

Früher haben wir jeden Fisch mehliert. Das ist aber bei frischem Fischfilet gar nicht nötig. Solltet Ihr einmal Tiefkühl-Fisch (mit Haut) verwenden, dann würde ich allerdings ein leichtes Mehlieren empfehlen, um die Haut kross zu bekommen. Beim Mehlieren beachten: Die Haut muss vorher getrocknet werden. Und »mehlieren« bedeutet nicht, den Fisch mit Mehl einzudecken. Ihr nehmt etwas Mehl in die Hand und bestäubt den Fisch damit ganz leicht. Anschließend klopft Ihr ihn nochmals vorsichtig ab, sodass wirklich nur eine hauchdünne Schicht bleibt.

Den gesalzenen Fisch gibt man in eine warme, aber noch nicht heiße Pfanne mit etwas Öl – am Anfang noch keine Butter. Dann geht man mit der Hitze auf etwa zwei Drittel und schaut dem Fisch beim Braten zu. Und zwar genau so lange, bis das zunächst glasig aussehende Fischfleisch von unten her blind, also weiß, wird. Das kann man sehr gut beobachten. In dem Moment, in dem das Glasige fast verschwunden ist, dreht man den Fisch einmal um und geht auf kleine Flamme. Eigentlich ist er jetzt schon fast fertig. Du gibst nur für den letzten Geschmack kurz wieder (wie beim

Steak) einen Esslöffel Butter in die Pfanne (nicht auf den Fisch), ein paar Kräuter Deiner Wahl und, wenn Du möchtest, auch einen kleinen Spritzer Zitronensaft. So entsteht ein Würzsaft, von dem Du dann erst mit einem Löffel ein wenig über den Fisch träufelst. Und schon ist er fertig (und muss bitte nicht mehr gewendet und gedreht werden) und hat eine wunderbar krosse Haut.

Warum klebt der Fisch (aber auch ein Fleischstück) manchmal an der Pfanne?

Das liegt meistens daran, dass der ängstliche Koch zu schnell versucht, das Fisch- oder Fleischstück zu drehen. Ein Geheimnis, wenn es darum geht, Fisch oder Fleisch in der Pfanne kross zu bekommen liegt darin, nicht ständig nachzusehen, ob es schon so weit ist. Wenn ein Fisch gebraten wird, dann klebt die Haut sowieso erst einmal an. Wenn ich mich dann erschrecke und versuche, sie mit dem Spatel oder auch der Fingerpalette zu lösen, dann mache ich sie nur kaputt. Außerdem bringe ich durch ständiges Wenden auch die Säfte im Fleisch durcheinander, sodass ich keine gleichmäßige Garung erreiche. Deshalb sollte man, ob nun Fisch oder Fleisch, es zunächst gar nicht groß anfassen, sondern zwei bis drei Minuten warten, bis das Eiweiß geronnen ist, komplett denaturiert. Dann löst sich die Haut von selbst vom Pfannenboden.

Wie wird der Fisch kross, wenn das Fischfilet keine Haut hat?

Dann verfährt man ebenso wie bei dem Filet mit Haut: Eine Seite braten, warten bis das Glasige verschwunden ist, umdrehen und so weiter. Nur gibt es dann logischerweise keine wirklich krosse Seite.

Das Fischfilet wellt sich!

Ein sehr dünnes Fischfilet kann sich tatsächlich nach oben wölben, wenn es in die heiße Pfanne kommt. Das ist meistens ein Zeichen dafür, dass die Pfanne eben zu heiß ist. Wer auf Nummer sicher gehen will, kann das Filet kurz mit einem Topf (der den Druck gleichmäßig verteilt) an den Pfannenboden drücken.

Ein Fisch im Ganzen

Gehen wir zunächst einmal von einer Dorade aus, die etwas größer und dicker ist und erst zum Schwanz hin flacher wird. Hier nehme ich den geschuppten Fisch, lasse vom Schwanz her gesehen etwa ein Drittel wie es ist. Dann schneide ich den Fisch auf beiden Seiten im Abstand von drei bis vier Zentimetern bis auf die Gräte ein. Das sorgt dafür, dass das Fleisch gleichmäßiger gart, weil die Hitze auch an die Gräte kommt. Zudem kann ich dann wie beim Fischfilet oben sehen, wie das anfangs durchsichtige Fleisch langsam weiß wird. Wenn das Weiße so ungefähr an der Gräte angekommen ist, drehe ich den Fisch um und brate ihn von der anderen Seite (wieder bis das Weiße fast an der Gräte ist). Dann löffle ich die bräunende Butter aus der Pfanne ein paar Mal von oben über den Fisch.

Übrigens, wer Lust hat, kann auch mal ausprobieren, einen ganzen Fisch so zu frittieren. Aber das nur nebenbei.

Einen dünneren Fisch, wie zum Beispiel eine Forelle, würde ich allerdings nicht so zubereiten, da sie einfach nicht genug Fleisch auf jeder Seite hat, um dieses einzuschneiden. In diesem Fall solltet Ihr tatsächlich den ganzen Fisch leicht (!) mehlieren wie oben beschrieben. So wird die frische feuchte Haut schneller kross und der relativ dünne Fisch nicht trocken. Um festzustellen, ob der Fisch durch ist, kann man einen Metallspieß, wie zum Beispiel eine Rouladennadel, nehmen, ihn in den Fisch stechen, fünf bis sechs Sekunden drin lassen, schnell herausziehen und gleich an die eigene Unterlippe halten. Dort ist unser Temperaturempfinden sehr stark. Wenn sich der Metallspieß deutlich warm bis heiß anfühlt ist der Fisch durch.

Außerdem gibt es den Rückenflossen-Test. Hat der Fisch noch seine Rückenflosse, kann man an ihr testen, ob der Fisch gar ist. Sie lässt sich nämlich dann ganz leicht lösen.

Krustenbraten, Gans und Ente

Alle Jahre wieder zur Weihnachtszeit werde ich gefragt, wie denn nun die Gans ganz besonders knusprig wird, oder eben die Ente und natürlich auch der Krustenbraten. Ich habe da schon sehr viele Ideen gehört: Mit Bier einpinseln oder mit Honig bestreichen sind die Favoriten. Aber: Sowohl Bier als auch Honig haben Zuckerstoffe. Wenn man die so heiß macht, dass sie karamellisieren, dann werden sie hart, wenn sie erkalten. Daher stammt wahrscheinlich die Vorstellung, dass sie eine schöne Kruste geben. Nur, das ist wie mit einem Bonbon, das auch aus geschmolzenem Zucker besteht. Im kalten Zustand ist es zwar hart. Wenn es aber im Mund warm wird, schmilzt es und wird weich. Aber genau das möchtest Du nicht bei Deinem Braten. Also kein Zucker, kein Honig!

Beim Krustenbraten (zum Beispiel einem schönen Schweinebraten) erreichst Du eine tolle Kruste, indem Du die Schwarte, wenn möglich am Vortag, schon mal vorgarst. Dazu legst Du das Fleisch zunächst mit der Schwarte nach unten in eine Pfanne mit etwas höherem Rand, oder eben eine Sauteuse, und gibst leicht gesalzenes Wasser ein. Das Wasser sollte ein kleines bisschen höher sein als die Schwarte. Dann lässt Du das Ganze etwa eine halbe Stunde köcheln.

So passieren drei Dinge: Erstens löst sich etwas Fett aus der Haut, die Fettschicht wird gleichmäßiger und ermöglicht damit auch ein gleichmäßigeres Braten. Außerdem wird die Schwarte durch das Köcheln weich, und man kann sie mit einem scharfen Messer (eigentlich am besten mit einem Teppichmesser) gut einritzen. Und drittens: Die Schwarte muss quellen, damit sie später beim Braten richtig schön aufpoppen und knusprig werden kann.

Hat man den Braten eingeritzt, reibt man ihn mit Gewürzen ein, so dass diese auch gut in die Rillen gelangen können. Dann kommt der Braten, in Frischhaltefolie gewickelt, über Nacht in den Kühlschrank (so können die Gewürze am besten einziehen) und wird erst am nächsten Tag im Ofen gegart.

Im Grunde genommen ist es bei der Ente oder der Gans ein ähnliches Prinzip. Hier köchelt man allerdings die Schwarte nicht vor. Aber man gart die Gans langsam (siehe auch Rezept 10-Stunden-

Gans auf Seite 150). Denn würde man sie bei zu hoher Anfangstemperatur in den Ofen schieben, würde die Haut durch die unterschiedlich dicke Fettschicht darunter ganz unterschiedlich dunkel. Zudem erreicht man durch das langsame Garen, dass ein großer Teil des Fetts bereits abfließt, und so die Haut richtig schön kross werden kann.

Kann man Kruste aufwärmen?

Die Gänsehaut wird beim Aufwärmen natürlich nicht mehr so knusprig. Habe ich aber Reste vom Gänsebraten, dann schneide ich das übrige Fleisch und die restliche Kruste in kleine Stücke, gebe am besten Gänsefett in eine Pfanne und brate in ihr alles schön knusprig. Das ist dann allerdings eher ein knuspriges Gänse- oder Entenragout.

Beim Krustenbraten, mit einer richtig schönen krossen Schwarte, bleibt diese auch oft bis zum nächsten Tag knusprig. Sollte sie dennoch weich geworden sein, dann trenne sie vom Fleisch. Das Fleisch wärmst Du in Scheiben im Ofen auf. Die Schwarte zerschneidest Du in kleine Stücke. Dann gibst Du einfaches Pflanzenöl etwa drei Finger hoch in einen kleinen Topf, frittierst die Schwartenstücke darin und gibst sie separat zum Fleisch dazu. Die Croûtons können natürlich auch irgendwo anders »zwischengeschoben« werden.

Croûtons

Beim Thema »Kross & knusprig« fällt mir noch etwas ein, auch wenn es eigentlich ein ganz anderes Thema ist: knusprige Croûtons für den Salat. In den meisten Rezepten steht da immer »Die Toast- oder Weißbrot-Würfel in Öl oder Butter ausbacken«. Das funktioniert natürlich, aber die Croûtons sind dann ungeheuer fettig. Um genau das zu vermeiden, gibt es einen einfachen Trick. Man trocknet die Würfel vorher. Wir im Restaurant legen sie dazu über Nacht oben auf den Ofen, aber das Prinzip funktioniert natürlich auch zu Hause. Die Brotwürfel einfach so lange bei 50 °C

im normalen Ofen auf einem Backblech trocknen, bis sie richtig trocken sind. Wenn Du sie dann im Butterschmalz kurz frittierst, saugen sie nicht so viel Fett auf, haben zwar den feinen Buttergeschmack, sind aber richtig knusprig und bleiben es auch.

Warum?

Das ist genau dasselbe Prinzip wie beispielsweise bei einer Aubergine. Wenn Du eine Auberginenscheibe ohne jede Vorbehandlung frittierst oder in Öl anbrätst, verliert sie durch die Hitze im Öl Wasser (das siehst Du am Brodeln). Dadurch entsteht ein Unterdruck, der das Fett in die Auberginenscheibe saugt. So bleibt sie fettig und schwer und wird nie kross. Das kann man jetzt auch sehr detailliert physikalisch-chemisch erklären, Tatsache aber ist: Wo Wasser drin ist, geht beim Frittieren oder Braten Wasser raus und macht Platz fürs Öl. Wo kein Wasser mehr drin ist, kommt kein Öl mehr rein. Im Fall der Aubergine salzt man sie daher vor dem Braten, entzieht ihr so schon mal Wasser und tupft sie dann auch noch mit einem Küchenpapier trocken – bevor sie ins Öl kommt.

Genauso ist es bei den Croûtons. Bei frischen Brotwürfeln würde das Wasser rausgehen, das Öl rein und es entstehen mit Fett vollgesogene schlaffe Brotwürfel. In die vorher getrockneten Brotwürfel kann weniger Öl eindringen, die Oberfläche wird kross und es entstehen knusprige Croûtons.

Desserts

Ich liebe Obst im Dessert. Pfirsiche zum Beispiel sind auch so eine Kindheitserinnerung. Auf Sizilien, Sommerurlaub, Pfirsich mit an den Strand nehmen, ihn dann so vollkommen warm werden lassen, aus der Plastikhülle nehmen und reinbeißen. Dann dieser fisselige Pfirsichkern noch in der Mitte und auf der Seite läuft dir der Saft die Mundwinkel runter.

Gebackene Milchreiskrapfen

Für die Milchreiskrapfen

Den Zimt mit 2 EL Zucker in einer kleinen Schüssel vermengen. 6 Brombeeren leicht befeuchten und im gefrorenen Zustand in der Zucker-Zimt-Mischung wälzen. Die übrigen Brombeeren beiseitestellen.

Aus dem Milchreis 6 kleine Kugeln formen und die Brombeeren vorsichtig in die Mitte drücken. Die Kugeln wieder verschließen, nacheinander in Mehl, verschlagenem Ei und Semmelbrösel panieren. Reichlich Sonnenblumenöl in einem hohen Topf erhitzen und die Milchreiskrapfen darin goldgelb ausbacken.

Die übrigen Brombeeren mit dem restlichen Zucker und dem Rotwein weich kochen und pürieren. Wer möchte kann die Sauce durch ein Sieb streichen, um die Kerne zu entfernen.

Zum Anrichten

Die Brombeersauce auf einen Teller geben und die Milchreiskrapfen darauf anrichten. Die Amarettini in einem Gefrierbeutel fein bröselig zerstoßen und darüberfallen lassen.

Tipp

Mit etwas Vanillesauce lässt sich dieses einfache Dessert noch ein wenig aufpeppen.

Die Milch mit dem ausgekratzten Mark und der Hülle der Vanilleschote aufkochen. Das Eigelb mit dem Zucker und der Speisestärke verrühren und unter die heiße Milch rühren. Die Sauce noch einmal aufkochen lassen, die Vanilleschote entfernen und dann zum Abkühlen beiseitestellen.

2 Personen

20 Minuten

Für die Milchreiskrapfen

4 EL Kristallzucker
1 TL Zimtpulver
150 g tiefgekühlte Brombeeren (alternativ auch andere Früchte, wie Himbeeren etc.)
200 g gekochter Milchreis vom Vortag
2 EL Mehl, Type 405
1 Ei
2 EL Semmelbrösel zum Panieren
ca. 300 ml Sonnenblumenöl
2 EL Zucker
50 ml Rotwein
2 EL Amarettini

Für die Vanillesauce

100 ml Vollmilch
½ Vanilleschote
1 Eigelb
1 EL Zucker
½ TL Speisestärke

Tipp
Die Sauce wird milder und sämiger, wenn man 50 g
eiskalte Butter zum Schluss unterschwenkt.

Orangencrêpe
mit Basilikum und Joghurteis

Für die Crêpes

Aus dem Mehl, den Eiern, der Milch und dem Mark der Vanilleschote einen Crêpeteig rühren und mit 1 Prise Salz würzen. Die Butter in einem Topf auf mittlerer Hitze leicht bräunen und unter den Teig rühren. Den Teig 30 Minuten ruhen lassen. In einer beschichteten Pfanne Butterschmalz erhitzen und kleine, dünne Crêpes backen.

Für das Eis

Die Gelatine 5 Minuten in kaltem Wasser einweichen. Den Joghurt mit dem Honig verrühren. Das Gelatineblatt ausdrücken, zusammen mit dem Limettensaft in einer Schüssel über einem Wasserbad leicht erwärmen und unter Rühren auflösen. Die Schüssel vom Wasserbad nehmen und langsam portionsweise den Honigjoghurt untermischen. Die Eisgrundmasse in eine Haushaltseismaschine geben und entsprechend der Angabe des Geräteherstellers das Eis herstellen.

Für die Sauce

Die Orangen mit einem Zestenreißer bearbeiten und die Zesten beiseitestellen. Anschließend die Orangen schälen und filetieren, dabei den gesamten Saft auffangen. Von der Zitronenschale ebenfalls Zesten herstellen und diese zu den Orangenzesten geben. Dann die Zitrone auspressen. Den Saft der Orangen und der Zitrone mischen. Den Honig in einer flachen Pfanne auf mittlerer Hitze leicht karamellisieren. Die Orangen- und die Zitronenzesten zugeben. Anschließend mit dem Orangen- und dem Zitronensaft ablöschen, den Campari und den Cointreau zugeben und alles um die Hälfte einkochen.

Zum Servieren

Die Crêpes zu kleinen Dreiecken zusammenfalten, zusammen mit den Orangenfilets in die Sauce geben und leicht erwärmen. Das Basilikum fein schneiden und untermischen. 2 Crêpes mit der Sauce, den Orangenfilets, den Zesten und dem Basilikum auf jedem Teller anrichten und eine Nocke Eis daneben platzieren.

Für den Crêpeteig
Grundrezept Pfannkuchen
  (siehe Seite 189)
zusätzlich etwa 50 ml Milch
  zum Verdünnen
1 Vanilleschote, ausgekratzt
50 g Butter
Butterschmalz zum Backen

Für das Eis
1 Blatt Gelatine
  (Qualität Gold extra)
500 g Naturjoghurt
  (10 % Fettgehalt)
50 g flüssigen Honig
Saft einer Limette

Für die Sauce
5 Bio-Orangen
1 Bio-Zitrone
100 g flüssiger Honig
3 EL Campari
3 EL Cointreau
1 Bund Basilikum

2 *Personen*

60 *Minuten*

Kirschcrumble

2
Personen

ca. **60** *Minuten (plus ca. 30 Minuten Ruhezeit)*

500 g Sauerkirschen
1 EL Cognac
Saft einer halben Zitrone
100 g Kristallzucker
1 Msp. gemahlener Kardamom
100 g Mehl, Type 405
eine Prise Salz
75 g kalte Süßrahmbutter
Puderzucker zum Bestäuben

Die Kirschen waschen, entsteinen und eventuell halbieren. Anschließend die Früchte in einer Schüssel mit dem Cognac, dem Zitronensaft, 2 EL Zucker und dem Kardamom mischen und etwas durchziehen lassen.

Den restlichen Zucker mit dem Mehl und einer Prise Salz in einer Küchenmaschine kurz mischen. Die Butter bei laufender Maschine in Stücken dazugeben und weiterrühren, bis erbsengroße Streusel entstehen.

Die marinierten Kirschen in 6 ofenfeste Formen füllen und die Streusel darauf verteilen. Die Crumble im auf 200 °C vorgeheizten Backofen (Umluft) 20 – 30 Minuten backen.

Zum Anrichten

Die Kirschcrumble auf einem Gitter etwas abkühlen lassen und mit Puderzucker bestreuen.

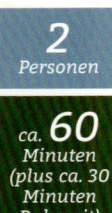

Fruchttarte

Eine gefettete Tarteform dünn mit dem Teig auslegen, dabei einen Rand hochziehen. Überstehenden Teig abschneiden.

Den Teigboden mit Backpapier belegen und bis zum Rand mit trockenen Erbsen beschweren. Im auf 175 °C vorgeheizten Backofen (Ober-/Unterhitze) circa 15 Minuten goldgelb backen (Diesen Vorgang nennt man »Blindbacken«). Anschließend die Erbsen und das Backpapier entfernen.

Die Zutaten für die Füllung gut verrühren und die Masse auf den noch warmen Tarteboden gießen. Die Backofentemperatur auf 90 °C reduzieren und die Tarte weitere 45 Minuten backen.

1 Basisrezept Mürbteig

Für die Füllung
150 g Kristallzucker
150 g flüssige Butter
4 Eigelb
200 g Fruchtpüree
    (z. B. pürierte Blaubeeren)

8
Stücke

90
Minuten

Schokoladenkuchen
mit Dattelmarmelade und Mangosorbet

2 *Personen*

ca. **45** *Minuten*

Für den Schokoladen-kuchen
100 g Butter
100 g Schokolade (mind. 60 % Kakaoanteil)
2 Eier (Größe M)
1 EL Zucker

Für die Dattelmarmelade
2 EL Kristallzucker
100 g Datteln
100 ml Orangensaft, frisch gepresst
½ Vanilleschote, der Länge nach aufgeschlitzt
1 TL Ingwer, frisch gerieben
1 Sternanis

Für das Mangosorbet
2 Passionsfrüchte
250 g Mangomark (alternativ: püriertes Fruchtfleisch von 2 frischen Mangos)
60 g Kristallzucker
Mark einer Vanilleschote
Saft einer Limette

Für den Schokoladenkuchen
Die Butter in einem Topf bei mäßiger Hitze erwärmen, die Schokolade zugeben und darin schmelzen lassen. Die Eier mit dem Zucker schaumig aufschlagen und locker unter die Schokoladenmasse heben. Die Masse in 2 kleine ausgebutterte Backförmchen verteilen und im auf 180 °C vorgeheizten Backofen (Ober-/Unterhitze) circa 6–8 Minuten backen.

Für die Dattelmarmelade
Den Zucker in einen Topf geben und bei mittlerer Hitze unter Rühren schmelzen lassen. Wenn er beginnt braun zu werden, die Datteln zugeben, mit dem Orangensaft ablöschen.
Die Gewürze zufügen und sobald die Datteln weich sind, den Sternanis und die Vanilleschote wieder entfernen. Alles in einem Standmixer pürieren und anschließend erkalten lassen.

Für das Mangosorbet
Das Fruchtfleisch der Passionsfrüchte auskratzen und zusammen mit den restlichen Zutaten für das Mangosorbet aufkochen. Anschließend die Masse durch ein feines Sieb passieren und in einer Eismaschine entsprechend der Empfehlung des Geräteherstellers gefrieren lassen.

Zum Anrichten
Den Schokokuchen aus der Form lösen und halbieren. 1 EL der Dattelmarmelade auf einem Teller leicht verstreichen und daneben die beiden Kuchenhälften anrichten. Abschließend eine Nocke des Mangosorbets danebensetzen.

Geschmacksfamilien – und ihre Getränke

In den vorangegangenen Kapiteln habe ich Euch viele Rezepte gezeigt, die auch dann nachkochbar sind, wenn man noch wenig Übung hat. Im folgenden Kapitel geht es dann um ein paar ganz einfache Grundrezepte. Aber: Kochen nach Rezepten ist das eine, selbst kreativ zu werden das andere. Oft werde ich natürlich gefragt, wie man denn auf neue Ideen kommt oder wie man auch ohne Rezept weiß, was in welcher »Dosierung« zusammenpasst. Da geht es natürlich viel um Erfahrung, um ein gewisses Talent, wie zum Beispiel eine gute Nase und einen sensiblen Geschmackssinn. Aber es geht auch um den Spaß an der Sache, der schlichten Lust am Kochen. Das kann man nicht einfach lernen. Und manchmal braucht man auch ein bisschen Mut.

Wenn Ihr anfangen möchtet, Euch von festen Rezepten zu entfernen und ein Gefühl für kreatives Kochen zu entwickeln, solltet Ihr erst einmal mit Euren Lieblingsgerichten anfangen. Kocht diese so oft, bis Ihr Euch sicher seid und nichts mehr im Rezept nachsehen müsst. Und dann geht den nächsten Schritt und fangt an kreativ zu werden. Dazu kann ich Euch zumindest eine Art Geländer geben, an dem Ihr Euch entlang hangeln könnt: die Geschmacksfamilien.

Bei den Geschmacksfamilien denke ich immer an Landschaften und die Lebensmittel-Produkte, die man mit ihnen verbindet. Zum Beispiel die **Familie »Mittelmeer-Sonne«**. Da bin ich sofort bei Knoblauch, Tomaten, Thymian, Rosmarin und Oliven. Dazu passt eben keine Forelle, es muss schon ein Mittelmeer-Salzwasserfisch oder Krustentier sein. Oder ein Kaninchen, das durch die Provence hoppelt. Dagegen kommt Dill in dieser Geschmacksfamilie eher nicht vor.

Der passt dafür perfekt in die **Geschmacksfamilie »Nordlicht«**. Hier gibt es außerdem Sahne, Gurke, Rote Bete, Birne, Apfel, helles Fleisch, Nordseefisch wie Matjes, Krabben, oder auch Hühnchen vom friesischen Bauernhof.

Dann könnte es eine **Geschmacksfamilie »Weiß-Blau«** geben, also Bayern. Das heißt Kraut, Kümmel, Bier, Kartoffel, Weizen, Rettich (Radi), Leber, Schwein und Eier.

Zur **Geschmacksfamilie »Burgund«** gehören Zwiebeln, Pilze, Rotwein, Portwein, Senf, Wild, aber auch Geflügel.

Natürlich gibt es auch die **Geschmacksfamilie »Südostasien«** mit Ingwer, Curry, Chili, Soja, Koriander, Zitronengras, Ananas, Banane, manchmal Kalb und Schwein, viel Geflügel.

Zur **Geschmacksfamilie »Orient«** gehören Auberginen, Couscous, Linsen, Kardamom, Piment und Kreuzkümmel, Lamm und auch hier wieder Geflügel.

Gerade am Geflügel sieht man auch gut, um was es mir geht. Wenn Ihr überlegt, was in einem Gericht zusammenpassen könnte, dann überlegt Euch, welche Produkte – vom Tier bis zum Gewürz – in einer bestimmten Landschaft vorkommen. In den allermeisten Fällen passen diese dann auch beim Kochen zusammen. Und Hühner-fleisch zum Beispiel gibt es eben fast überall auf der Welt, genauso wie Kartoffeln, also passen sie auch in alle Geschmacksfamilien. Am Ende sollen Euch die Geschmacksfamilien nur eine Hilfe sein, die zeigt, dass man Königsberger Klopse nicht mit Rosmarin aromati-sieren würde oder ein Coq au vin nicht mit Dill. Und jetzt werde ich unfair: Auch das kann man natürlich einmal ausprobieren und sich vielleicht selbst überraschen. Dann sind wir beim nächsten Schritt des »freien« Kochens und vor allem dem Einsatz aller fünf Sinne.

Getränke zu Geschmacksfamilien

Die regional inspirierten Geschmacksfamilien helfen auf alle Fälle auch bei der Auswahl der richtigen Getränke zum Essen. Gerade hier werde ich oft gefragt, welches Getränk, vor allem natürlich welcher Wein, zu welchem Gericht passt. Ob die Regel »weißer Wein zu hellem Fleisch und Fisch und roter Wein zu dunklem Fleisch« noch stimmt. Der Weinkenner würde hier heftig widersprechen, wer mir aber diese Fragen stellt, ist kein Experte, also würde ich immer raten: Als erste Regel ist diese weiß zu weiß und rot zu rot Regel schon mal in Ordnung.

Eine weitere Hilfe ist es, wenn man sich überlegt, zu welchem Land, zu welcher Landschaft ein Gericht gehört, und sich dann ein Getränk zur selben Landschaft sucht. Also ein elsässisches Hühnchen in Sahnesoße mit einem Elsässer Riesling. Oder eben zum Schweine-braten mit Kraut ein bayerisches Helles oder Weizenbier und zum Matjes-Hering ein Friesisch Herb. Und dann gibt es natürlich viele Ge-richte, die mit Wein oder anderen Getränken zubereitet werden. Dann ist es eigentlich sehr einfach: Bereitet man ein Coq au vin mit Pinot Noir zu, dann reicht man am besten auch Pinot Noir als Getränk. Da kann man ja immer noch zwei verschiedene Preisklassen verwenden. Aber hier muss ich leider sagen: Es gibt keinen echten Schnellkurs für die passende Getränke-Begleitung zum Essen. Auch die größten Profis haben das nur durch viel Erfahrung und viel Probieren – und Genießen – gelernt. Ich wünsche viel Spaß dabei!

Grund- rezepte

Manches geht irgendwann einfach nach Gefühl. Sei wie Deine Oma, die Du nie nach dem Rezept fragen kannst, weil sie nur sagt: »Naja 'ne Handvoll davon und 'ne Handvoll davon und natürlich noch ein bisschen davon rein.«

185

Einfacher Geflügelfond

ca. **90**
Minuten

1 kg Hähnchenflügel
1 Zwiebel, mit Schale halbiert
1 Lorbeerblatt
Salz
1 TL schwarze Pfefferkörner

Alle Zutaten in einen Topf geben und mit kaltem Wasser auffüllen, sodass die Hähnchenflügel mit Wasser bedeckt sind. Einmal kurz aufkochen lassen, die Hitze reduzieren und für etwa 1 Stunde leicht sieden lassen. Anschließend die Hähnchenflügel noch einige Minuten im Fond ziehen lassen. Anschließend den Fond durch ein feines Sieb oder Tuch passieren.

Tipp: Wenn der Fond nicht sprudelnd kocht, erhältst Du als Resultat einen relativ klaren Fond.

Klären von Brühen

ca. **45**
Minuten

1 l Brühe
300 g mageres Hackfleisch
   vom Rind
1 Eiweiß

Das Hackfleisch mit dem Eiweiß vermengen und in die kalte Brühe einrühren. Die Brühe anschließend unter gelegentlichem Umrühren langsam bis kurz vor dem Siedepunkt erhitzen. Wenn sich eine graue, weiche, zusammenhängende Schicht auf der Oberfläche gebildet hat, nicht weiterrühren! 30 Minuten köcheln lassen und dabei Hackfleisch und aufgestiegenen Schaum komplett abschöpfen. Abschließend ein großes Sieb mit einem Passiertuch auslegen, die Suppe durch das Passiertuch seihen, dabei die Zutaten nicht ausdrücken.

Einfaches Dressing

Alle Zutaten in ein Schraubglas geben, nach Geschmack etwas Senf und Honig zugeben, verschließen und kräftig schütteln.

Tipp: Der Vorteil dieser Methode liegt in der blitzschnellen Zubereitung. Reste des Dressings können direkt im Schraubglas kühl aufbewahrt werden.

1 Teil Essig
1 Teil Geflügel- oder Gemüsefond
2 Teile Sonnenblumenöl, kalt gepresst
Salz
frisch gemahlener schwarzer Pfeffer
Zum Verfeinern eignen sich z. B. Senf oder Honig

Mayonnaise

Für Mayonnaise
1 Ei
100 ml Sonnenblumenöl

Für Milchmayonnaise
50 ml Vollmilch
100 ml Sonnenblumenöl

Das Ei und das Öl in einen hohen Mixbecher geben. Einen Stabmixer in das Gefäß stellen, einschalten und unter leichtem Kreisen langsam nach oben ziehen.

Die Milch und das Öl in einen hohen Mixbecher geben. Einen Stabmixer in das Gefäß stellen, einschalten und unter leichtem Kreisen langsam nach oben ziehen.

Als Würzzutaten eignen sich für beide Varianten Salz, Pfeffer, Zitronensaft und Senf.

Tipp: Wichtig dabei ist, dass alle Zutaten bei der Verarbeitung Zimmertemperatur haben.

für ca.
150 *g*
Mayonnaise

Pizzateig (Grundrezept)

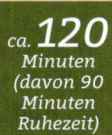

ca. **120** Minuten (davon 90 Minuten Ruhezeit)

1 Würfel Hefe, frisch
1 Prise Kristallzucker
500 ml Wasser, lauwarm
1 kg Mehl (s. Tipp) und etwas
    mehr zum Ausrollen
½ TL Salz
2 EL Olivenöl

Für den Teig die Hefe mit einer Prise Zucker in 2 EL lauwarmem Wasser auflösen. Das Mehl in eine Schüssel sieben, in die Mitte eine Mulde drücken und die Hefelösung mit dem Olivenöl und einem halben Teelöffel Salz in die Mitte geben. Unter Zugabe des restlichen Wassers zu einem glatten Teig kneten und zugedeckt an einem warmen, zugfreien Ort 30 Minuten gehen lassen.

Anschließend auf einem leicht bemehlten Backbrett oder der leicht bemehlten Arbeitsfläche kräftig durchkneten und danach den Teig wieder in die Schüssel geben. Mit einem Tuch bedeckt an einem warmen, zugfreien Ort 1 Stunde gehen lassen, bis sich das Teigvolumen verdoppelt hat. Den Teig dann nochmals kräftig durchkneten und anschließend in die für das jeweilige Gericht benötigte Form bringen.

Tipp: Wichtig für die Herstellung einer optimalen Pizza ist die Verwendung der »richtigen« Mehlsorte. Dabei ist der Anteil des Klebereiweißes oder Glutens entscheidend. Dieser sorgt dafür, dass der Teig eine hohe Elastizität besitzt und sich gut ausrollen lässt.

Am besten eignet sich die italienische Sorte »tipo 00« mit einem Klebereiweißanteil von 12,5 – 14 %. Falls Du eine deutsche Mehltype verwenden möchtest, dann die Type 550 oder noch höhere Typenzahlen, die geschmackliche Vorteile bieten.

1-2-3-Teig (Mürbteig)

100 g Kristallzucker
200 g Butter
300 g Mehl, Type 405

Alle Zutaten rasch zu einem geschmeidigen Teig kneten, dabei sollte die Butter nicht zu warm werden. Den Teig zu einer Kugel formen und in Frischhaltefolie gewickelt eine halbe Stunde im Kühlschrank ruhen lassen. Anschließend den Teig ausrollen.

Tipps: Hat man keine Waage zur Hand kann man auch mit Tassen abmessen – 1 Tasse Zucker; 2 Tassen Butter; 3 Tassen Mehl – nur das Verhältnis muss gleich bleiben.

Der Teig lässt sich zwischen zwei Lagen leicht bemehltem Backpapier besser ausrollen.

Erst 2 breite Streifen Backpapier über Kreuz in die gebutterte Backform legen, anschließend den Teig. Die Streifen sollten wenige Zentimeter über den Rand stehen. Damit lässt sich die fertige Tarte einfacher aus der Form heben.

Pfannkuchen

Um Klümpchen im Teig zu verhindern, verrührt man zuerst das Mehl, das Salz und die Eier. Anschließend unter Rühren die Milch zugießen. Den Teig unbedingt etwa 20 Minuten im Kühlschrank ruhen lassen.

Tipp: Dieser Teig lässt sich leicht zu einer herzhaften oder süßen Variante abwandeln. Für einen Crêpes-Teig gibt man etwas mehr Milch hinzu. Für einen soufflierten Pfannkuchen trennt man die Eier vorher, schlägt das Eiweiß schaumig und hebt es anschließend locker unter den Teig. Fügt man, neben geschlagenem Eiweiß, zusätzlich noch Backpulver hinzu, erhält man einen wunderbaren Teig für Pancakes.

100 g Ei (2 Stück Größe M)
100 g Mehl, Type 405
1 Prise Salz
100 ml Vollmilch

Blitzeis

Die gefrorenen Blaubeeren, den Zucker und etwas Orangensaft in einer Küchenmaschine oder einem Standmixer kurz pürieren. Die Sahne nach und nach dazugeben und weiter pürieren bis eine glatte Masse entsteht.

Tipp: Du kannst auch andere tiefgekühlte Früchte verwenden. Himbeeren oder ein Waldbeerenmix eignen sich ebenfalls hervorragend. Ersetze doch einfach mal die Sahne durch Kokosmilch.

250 g Blaubeeren, tiefgekühlt
3 EL Puderzucker
Saft einer Orange
ca. 200 ml flüssige Sahne (Fettgehalt mind. 30 %)

4 Personen

15 Minuten

»Fauler« Risotto

In einem ofenfesten Topf das Olivenöl erhitzen. Den Reis dazugeben und etwas anschwitzen. Die Zwiebelwürfel dazugeben und ebenfalls anschwitzen, bis sie glasig sind. Mit dem Weißwein ablöschen. Die Brühe auffüllen, kurz aufkochen lassen und den Topf abgedeckt in den auf 150 °C vorgeheizten Backofen (Umluft) stellen. Nach etwa 20 Minuten ist der Reis gar und hat die Brühe fast vollständig aufgesogen. Anschließend die Butter und den Parmesan einrühren bis der Risotto cremig ist. Mit Salz und Pfeffer abschmecken.

Zum Anrichten: Den Risotto auf 2 vorgewärmte Teller verteilen und mit etwas geriebenem Parmesan servieren.

Tipp: Wenn die Zwiebelwürfel erst später zugefügt werden, kann der Reis länger und gleichmäßiger angeschwitzt werden.

Hinweis: Genaue Kochanleitungen, wie ein echter Risotto zu kochen sei, entstanden wohl erst Anfang des 20. Jahrhunderts. Auch das stetige Rühren und die allmähliche Flüssigkeitszugabe fanden erst zu dieser Zeit Erwähnung. Davor war es salopp gesagt »schnuppe«.

2 EL Olivenöl
150 g Risottoreis (z. B. Arborio oder Carnaroli)
½ Zwiebel, geschält und in feine Würfel geschnitten
50 ml trockener Weißwein
300 ml Geflügelbrühe
50 g Parmesan, frisch gerieben
50 g kalte Butter, gewürfelt
Salz
frisch gemahlener schwarzer Pfeffer

Hackfleisch
(5-Finger-Regel)

Die Zwiebel in feine Würfel schneiden. In einer Pfanne das Öl erhitzen und die Zwiebelwürfel glasig anschwitzen. Das Brötchen in eine Schüssel legen und mit der Milch übergießen. Einige Minuten ruhen lassen und anschließend ausdrücken. Das Hackfleisch und die Zwiebelwürfel in eine Schüssel geben und das Brötchen darüberbröseln. Das Ei dazugeben und alles zu einer gleichmäßigen Hackfleischmasse vermengen. Die Hackmasse klassisch mit etwas frischem Majoran, Senf, Salz und Pfeffer abschmecken.

Tipp: Am besten mit glasierten Fingermöhren und jungen Erbsen servieren.

1 Zwiebel, geschält
1 EL neutrales Pflanzenöl
1 Brötchen, vom Vortag
ca. 150 ml Vollmilch
500 g Hackfleisch (je zur Hälfte
    Schweine- und Rindfleisch)
1 Ei
2 Zweige Majoran, die Blättchen
    abgezupft und gehackt
1 EL Senf, mittelscharf
Salz
frisch gemahlener schwarzer
    Pfeffer

Der Topf und seine Deckelchen

Wenn wir gerade schon von Grundrezepten gesprochen haben, dann müssen wir uns natürlich auch um die Grundausstattung einer Küche kümmern. Man sagt zwar »jeder Topf findet sein Deckelchen«, aber findet auch jeder Koch seinen Topf? Bei diesem Thema, inklusive aller Gerätschaften, die es so für die Küche gibt, kann man viel Geld für Dinge ausgeben, die man nie benutzen wird. Ich habe in den beiden nächsten Kapiteln einmal alles zusammengestellt, was meiner Erfahrung nach tatsächlich zu einer sinnvollen Grundausstattung gehört.

Pfannen

Eines steht fest: die neueste Beschichtung aus der NASA-Raumfahrttechnik ist nicht immer das beste Material. Gerade bei Pfannen gilt die Regel: Je einfacher desto besser. Bei uns in der Küche des VĂU benutzen wir beispielsweise ganz normale, also unbeschichtete, Gusseisen-Pfannen – die auch induktionstauglich sind. Gusseiserne Pfannen gibt es aber natürlich genauso für Hobby-Köche. Dieses Material ist ideal zum Braten auch auf hohen Temperaturen, weil es ein sehr guter Wärmeleiter ist. Dadurch verteilt sich die Hitze einheitlich über den Pfannenboden, und man kann das Bratgut schonend und vor allem rundum gleichmäßig, genau auf den gewünschten Garpunkt braten. Ganz wichtig dabei: Nie die Pfanne sofort auf volle Hitze stellen, auch wenn Du etwas heiß anbraten willst. Wenn eine kalte Pfanne zu schnell hochgefahren wird, entstehen Spannungen, durch die sich der Boden (dauerhaft) nach oben wölben kann, sodass die Pfanne nie mehr plan auf dem Kochfeld steht. Gute gusseiserne Pfannen sind einfach unverwüstlich, also sozusagen eine Anschaffung fürs Leben. Allerdings muss man sich ein bisschen um sie kümmern. Zum Beispiel muss man sie vor dem ersten Gebrauch einbrennen. Das bedeutet: So viel ganz normales feines Salz in die Pfanne geben, bis sie komplett gefüllt ist. Dann kommt sie eine halbe Stunde in den Ofen (bei höchster Hitzestufe). Danach das Salz entsorgen. Die Pfanne mit einem leicht eingeölten Tuch möglichst im noch warmen Zustand auswischen. Und: Gusseiserne Pfannen sollten nicht einfach in die Spülmaschine, sondern immer sorgfältig mit einem Küchentuch und zwischendurch immer mal wieder mit einem leicht öligen Lappen ausgerieben werden.

Eine Alternative zu den gusseisernen Pfannen sind für mich auch Pfannen mit Keramikbeschichtung, die eine gute Anti-Haft-Wirkung haben. Solche Pfannen sind daher gut für fettfreies Braten geeignet.

Wie viele Pfannen braucht man? Eine mit einem Durchmesser von 28 cm und eine kleinere mit einem Durchmesser von 18 oder besser 24 Zentimetern. Das reicht für zu Hause.

Töpfe

Ich würde sagen, Ihr benötigt vier bis fünf verschiedene Größen:
einen Fünf-Liter-Topf für Pasta, eine Stiel-Kasserolle für Soßen, eine
Sauteuse (also eigentlich eine Pfanne mit hohem Rand), damit man
auch etwas schwenken kann, und dann noch eine oder zwei mittlere
Topf-Größen für Gemüse. Und natürlich eine Auflaufform und einen
Bräter. Beim Material würde ich mich bei den Töpfen am ehesten für
Edelstahl entscheiden, bei der Auflaufform für Glas und beim Bräter
natürlich für Gusseisen.

Brauche ich einen Wok?

Ursprünglich ist der Wok ja eine Halbkugel, die über das Feuer
gehalten wird. Das hat den Sinn, dass die Flammen den Wok auch
auf der Seite erhitzen können. Genauso funktioniert das auch auf
einer speziellen Wok-Gasflamme. Wenn man aber einen abgeflachten
Wok auf den Elektroherd stellt, geht dieser Sinn verloren. Dann erfüllt
eine Sauteuse genau denselben Zweck – es sieht natürlich nicht so
nach Suzie Wong aus …

Und zu den Deckelchen

Die Töpfe werden üblicherweise beim Kauf mit Deckel geliefert. Für
manche Bratpfannen werden auch Deckel angeboten. Aber: Beim
Braten darf man keinen Deckel verwenden, sonst bildet sich dort
Kondenswasser, das auf das Bratgut zurücktropft, und so jede
Kruste verhindert. Und übrigens: Pfannenspritzschutz geht gar
nicht! Wer zuerst daran denkt, dass beim Kochen die Küche dreckig
werden könnte … Und übrigens: Auch unter einem feinen Pfannenspritzschutz bildet sich Kondenswasser.

Werkzeugkasten für die Küche

Neben Töpfen und Pfannen gibt es natürlich auch allerlei Gerätschaften, die man so zum Kochen braucht oder auch vielleicht einmal brauchen kann, oder die man begeistert mit nach Hause nimmt – und nie verwendet. Kauft alles, was Euch Spaß macht, aber wenn Ihr mich nach den »Werkzeugen« fragt, die Ihr unbedingt haben solltet, dann rate ich zunächst mal »nur« zu diesen:

Messer sind ein weites Feld

Ich kenne viele Hobby-Köche aber auch Kollegen, für die Messer eine echte Leidenschaft sind. Herkunftsland, Material, Form, Schliff, dazu kann man ganze Romane schreiben. Aber auch hier bleiben wir bei einer kleinen Grundausstattung à la Kolja.

Allerdings würde ich gerne eine Lanze für die nicht rostfreien Kohlenstoffmesser brechen. Die haben zwar ein paar Eigenschaften, an denen sich manche stören: Sie laufen leicht ein bisschen an, bekommen kleine Rostflecken, die man mit dem Rostschwamm sauber machen muss, und bei den ersten Schnitten kann ein leichter Eisengeschmack am Produkt bleiben, aber: Um sie zu schärfen, ziehst Du sie nur zweimal über den Stahl, und sie werden wieder scharf wie neu – in dem Fall: richtig scharf. Wer sich um seine Messer weniger kümmern möchte, kann natürlich bei den klassischen Edelstahlvarianten bleiben.

Zurück zur Grundausstattung: Ein kleines Gemüsemesser ist unbedingt nötig. Dazu ein mittleres Kochmesser (Länge: 22 cm), mit dem man Fisch, Fleisch und Gemüse schneiden, aber auch Kräuter schneiden und wiegen kann. Ein Tranchiermesser, also ein stabiles Messer mit einer eher schmalen Klinge, ist sinnvoll, um auch mal Fleisch zerlegen bzw. Knochen schneiden zu können. Und dann braucht man natürlich ein Brotmesser.

Mein Küchenchef schwört auch noch auf das klassische japanische Santoku-Messer, mit dem man »einfach alles« machen kann. Kann man haben, muss man nicht.

Ein Fischmesser mit biegsamer Klinge zum leichteren Filetieren von Fisch finde ich persönlich dagegen überflüssig. Das lässt sich sehr schwer führen. Denn durch die flexible Klinge macht das Messer immer eher selbst, was es will, statt das, was ich will.

Was man unbedingt zu Hause haben sollte, um lange Freude an scharfen Messern zu haben, ist ein Wetzstahl. Wie man den richtig benutzt, kann Euch der Händler Eures Vertrauens zeigen – oder ganz viele Videos und Tutorials im Netz.

Für Liebhaber japanischer Messer, die meist eine zweiseitige Schneide haben, braucht man statt des Wetzstahls auch einen Schleifstein.

Temperaturfühler

Das ist zwar kein unbedingtes Muss, aber schon eine sehr gute Sache. Für jeden, der beim Braten nicht so die Routine hat, ist er eine echte Hilfe. Und für uns Männer doch auch ein tolles Spielzeug! Am besten sind solche, die über ein Kabel mit ihrem Display verbunden sind, sodass man die Temperatur außen ablesen kann, ohne den Ofen zu öffnen.

Allzweck-Pinzette

Es gibt natürlich gute Grill- bzw. Küchen- oder Wendepinzetten. Meine Pinzetten beziehe ich aber aus dem Sanitärfachhandel oder auch mal vom Flohmarkt. Warum? Weil die meistens stabiler sind. Pinzetten sind ein wunderbares Hilfsmittel, auf das ich nicht verzichten möchte. Damit kann man Fleisch oder Garnelen oder Muscheln aus der Pfanne nehmen oder wenden, ohne das Produkt zu zerstören. Sinn macht es, sich zwei unterschiedliche Größen zu kaufen. Ob nun im Fachhandel, Sanitärbedarf oder Flohmarkt: Achtet immer darauf, dass es keine dünnen Schlabberpinzetten sind. Die schlackern beim Greifen, und das ist gerade bei etwas schwereren Produkten, wie ganzen Braten, sehr unpraktisch!

Holzlöffel

Mindestens so wichtig wie gute Messer sind ein Holzlöffel und ein Holz-Schaber. Achtet dabei darauf, dass auch der Holzlöffel nicht ganz rund ist. Die runde Form für Holzlöffel hat nur Sinn gemacht zu Zeiten, als man noch runde Kesselböden hatte. Am besten sind Holzlöffel aus Olivenholz.

Fingerpallette

Um beispielsweise kross gebratenen Fisch in der Pfanne gut umdrehen zu können, ohne ihn dabei kaputt zu machen, ist auch eine Fingerpalette durchaus sinnvoll. Durch die Finger kann das Bratfett beim Wenden oder Ausheben gut ablaufen.

Stabreibe

Eine flache Edelstahl-Stabreibe, eventuell in zwei verschiedenen Ausführungen – fein und grob – zum Reiben von Gemüse, Käse, Zesten, einfach fast allem – und damit Teil der Grundausstattung.

Muskatreibe

Weil die Muskatnuss zu hart für die meisten Reiben ist, empfehle ich auch eine extra Muskatreibe. Und Muskat passt zu sehr vielen Gerichten, die Anschaffung lohnt sich also (siehe auch Muskat im Kapitel Gewürze).

Gewürzmühlen und / oder Mörser

Ich kann es nicht oft genug sagen: Gewürze bitte nicht fertig gemahlen kaufen, sondern immer in ganzen Körnern. Im gemahlenen Zustand verlieren sie einfach ganz schnell ihren Geschmack. Zum Mahlen kann man entweder Gewürzmühlen verwenden oder natürlich einen Mörser. Der Vorteil der Gewürzmühle: In ihr werden die Körner auch gleich aufbewahrt, und man braucht zum Mahlen kein eigenes Werkzeug. Der Vorteil eines Mörsers: Man kann im Mörser ganze Gewürzmischungen kreieren.

Sieb

Man braucht ein grobes Nudelsieb, das man auch zum Salatwaschen nutzen kann und zwei Siebe, die auf die Topfgrößen der eigenen Töpfe abgestimmt sind.

Dosenöffner

Da wir ja auch die eine oder andere Dose verwenden dürfen (siehe auch Kapitel »Dosenfutter erlaubt«) braucht Ihr natürlich auch einen Dosenöffner. Da gibt es relativ viel Unsinn auf dem Markt, der nicht funktioniert, gleich auseinanderfällt oder zu üblen Schnittwunden führt. Mittlerweile runden aber viele Dosenöffner beim Aufschneiden die scharfen Kanten gleich ab. Darauf sollte man beim Kauf achten. Und ein persönlicher Tipp aus eigener Erfahrung: Wenn Ihr im Kühlschrank den Deckel einfach wieder auf die Dose legt oder kippt, um den Rest des Inhalts aufzubewahren – um Gottes Willen sagt das den anderen Kühlschrankbenutzern. Sonst gibt es da gerne eine Riesensauerei!

Sparschäler

Es gibt eine Vielzahl von Sparschälern. Welche Form die geeignetste ist, muss jeder für sich entscheiden. Mir persönlich liegt das eher klassische Modell mit längsseitig angebrachter Klinge am besten in der Hand.

Rühren und Mixen

Schneebesen, gerne auch in zwei Größen, gehören definitiv zur Grundausstattung und können nicht von einem Elektroquirl ersetzt werden. Im Gegenteil, für viele Gerichte muss man eben noch von Hand schlagen, um Faserstrukturen nicht zu zerstören. Ganz wichtig: ein kleiner **Saucenschneebesen**.

Die Anschaffung eines **Stabmixers** findet aber sowohl in der deftigen als auch in der süßen Küche immer wieder gute Anwendung. Und für einige Gerichte, gerade in diesem Bereich, ist dann eben eine kleine Küchenmaschine auch nicht schlecht (siehe z. B. auch Eis ohne Eismaschine).

Eine Waage

Gerade in der süßen Küche ist eine Waage absolut unabdingbar. Mit »Tassen« und »Ess- oder Teelöffel« kommt man hier meist nicht weiter. Außer natürlich bei so Faustregeln wie dem 1-1-1 Pfannkuchen.

Eine Springform

Natürlich gibt es Kuchen- und Tortenrezepte, für die man nur ein Backblech benötigt. Ich würde mir aber schon mindestens eine Springform (eventuell zwei in verschiedenen Größen) anschaffen.

Und dann gehören zur süßen Backausstattung natürlich noch **Backpinsel** und **Teigschaber**.

Mit diesen Gerätschaften seid Ihr für die meisten Kochsituationen gerüstet.

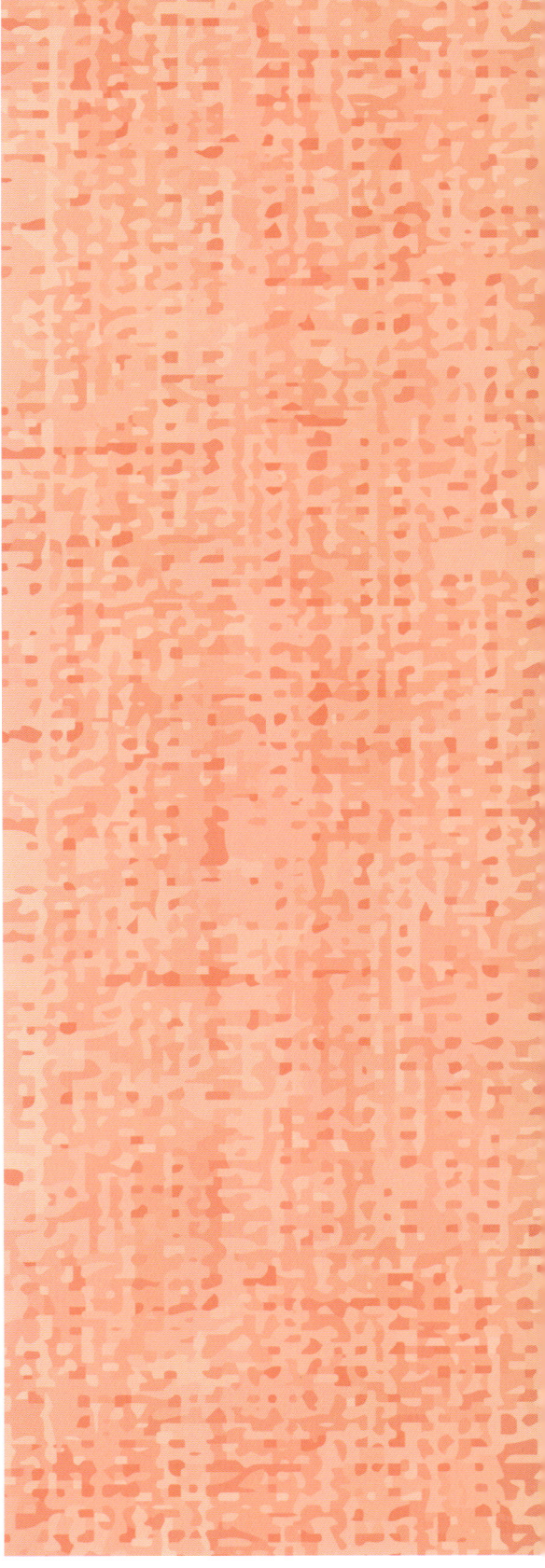

Rezeptregister

Desserts

Grundrezepte

Danksagung

So wie ich als Chef des Restaurants VĂU nicht alleine kochen, servieren, verwalten und unterhalten kann, so kann ich auch ein Buch nicht alleine schreiben. Es ist entstanden durch die Arbeit und Unterstützung vieler Menschen, denen ich hier einmal »offiziell« danke sagen kann. Ich hoffe, persönlich habe ich das bereits jedem einzelnen von Herzen gesagt.

Natürlich danke ich zunächst einmal dem Südwest Verlag für die wunderbare Möglichkeit, dieses »Buch der vielen Ideen« umzusetzen. Ich danke der Fotografin Luzia Ellert für ihre wieder einmal grandiosen Foodfotografien und der Fotografin Jeanne Degraa für ihre einfühlsame Begleitung durch Berlin.
Beim gesamten Team des VĂU muss ich mich natürlich auch bedanken. Ihr seid die Seele und das Rückgrat dieses Ortes. Ohne Euch geht gar nichts.
Lieber Jan Wabnitz, Du weißt es genau: Ohne Dich wäre dieses Buch, wie so vieles andere, nie Wirklichkeit geworden – ohne Worte!
Aber auch meine Eltern haben ihren Anteil an diesem Buch, wenn auch vielleicht ein wenig indirekter: Mein Vater hat mir unstrittig sein Genussgen vererbt. Meiner Mutter bin ich bis heute dankbar, dass sie sich bei meiner Berufswahl nie eingemischt hat und ich so genau diesen Beruf ergreifen konnte, der mir heute so viel Spaß macht.

Projekte wie dieses Buch können nur entstehen, wenn auch »außenrum« alles stimmt. Daher danke ich meiner wundervollen Lebensgefährtin Kathinka, die jeden neuen Tag für mich lebenswert macht. Und ich danke meinen Kindern, Luca, Max und Konstantin dafür, dass sie mich in Bewegung halten.

Zum Schluss muss ich mich unbedingt noch bei Berlin bedanken – einfach dafür, dass diese Stadt genau so ist, wie sie ist.

Impressum

1. Auflage 2015

© 2015 by Südwest Verlag, einem Unternehmen der Verlagsgruppe Random House GmbH, 81637 München

Die Verwertung der Texte und Bilder, auch auszugsweise, ist ohne Zustimmung des Verlags urheberrechtswidrig und strafbar. Dies gilt auch für Vervielfältigungen, Übersetzungen, Mikroverfilmung und für die Verarbeitung mit elektronischen Systemen.

Hinweise
Die Ratschläge/Informationen in diesem Buch sind von Autor und Verlag sorgfältig erwogen und geprüft. Dennoch kann eine Garantie nicht übernommen werden. Eine Haftung des Autors bzw. des Verlags und seiner Beauftragten für Personen-, Sach- und Vermögensschäden ist ausgeschlossen.

Der Verlag weist ausdrücklich darauf hin, dass im Text enthaltene externe Links vom Verlag nur bis zum Zeitpunkt der Buchveröffentlichung eingesehen werden konnten. Auf spätere Veränderungen hat der Verlag keinerlei Einfluss. Eine Haftung des Verlags für externe Links ist stets ausgeschlossen.

Redaktionsleitung: Silke Kirsch
Projektleitung: Sonya Mayer
Layout, Satz & Producing: Imprint, Zusmarshausen
Adaption & Redaktion der Rezepte: Dr. Regina Roßkopf
Texte: Stephanie Bräuer, campagner PR
Korrektorat: Regina Wiesmaier
Cover- und Einbandgestaltung: Zeichenpool, München
Reproduktion: Regg Media GmbH, München
Druck & Verarbeitung: Neografia, Martin

Printed in Slovakia

Verlagsgruppe Random House FSC® N001967
Das für dieses Buch verwendete FSC®-zertifizierte Papier *Profimatt* liefert Sappi Ehingen.

Bildnachweis

Bildredaktion und Leitung der Fotoproduktion:
Sabine Kestler
Fotografie und Styling Food:
Luzia Ellert
Fotoassistenz Food:
Christa Engstler
Fotografie People:
Jeanne Degraa
Assistenz: Christian Pohl
Haare/Make-up:
Birgit Düvelmeyer,
Sara-Jane Ruhnow
Styling: Lena Wolf,
Wibke Deertz
Alle Hintergründe Leinenstruktur: Designed by freepik.com

Für die freundliche Unterstützung der Peopleproduktion danken wir:
Gentelmen's Circle, Berlin (www.goernercompany.com);
American Guitar Shop, Berlin (www.guitar-shop.de);
Restaurant Meisterstück, Berlin (www.dasmeisterstueck.de);
Not only Riesling (www.not-only-riesling.de);
folgenden Marktständen auf dem Karl-August-Platz: Fisch Altekrüger; Gabys Imbiss;
Le Flo (www.le-flo.de);
Pilzkönigin (www.pilzkoenigin.de);
Teltower Rübchen (www.teltower-ruebchen.com);
Biokräuterei Oberhavel (www.biokraeuterei.de);
Alpenkäse Lämmle (www.alpinefeinkost.de)